結果を出し続ける人が夜やること

ブランディングプロデューサー
後藤勇人

あさ出版

時間の価値を知れ。
あらゆる瞬間をつかまえて享受せよ。
今日できることを明日まで延ばすな。

フィリップ・チェスターフィールド
（英国の政治家／1694～1773）

はじめに

あなたは、理想の人生を手に入れたいですか？

私はよく、この質問をセミナー等で行うのですが、「NO」と答える方はほぼいません。

理想の人生を手に入れたい。

誰もが当然に願うことでしょう。

私もその一人です。

だからこそ、様々なことに取り組んできました。

その中で、朝の重要性に気づくことができ、今の自分があります。


朝？　と疑問に思いましたか？

はい、「朝」です。

申し遅れました。

私は、朝の成功習慣トレーナーをしている、後藤勇人と申します。

もともとは地方のヘアーサロンで一スタイリストとして仕事をしていたのですが、現在は、トレーナー以外に、経営者、「グレコ」で有名なギターで世界シェア40％を達成したフジゲンの創業者横内祐一郎氏の総合プロデュースやミスワールド日本代表のブランディングサポート、世界4大ミスコンテストの一つ、ミス・グランド・ジャパン２０１９のキャリアアドバイザー、12冊の本を出す著者の顔も持っています。この変化は、朝を活用した結果と言っていいでしょう。

ではなぜ、朝の専門家が、夜の活用術の本を書くのか？

本を閉じようとした方、もう少しだけお付き合いください。

その理由を、お話しします。

私はこれまで多くの方々に朝の活用法（私の場合、早起きをしようというメソッドではありません）をセミナーや書籍『結果を出し続ける人が朝やること』（あさ出版）などを通じてお伝えしてきました。

その中で、次のような声を聴く機会が増えてきたのです。

「朝が大事なことはわかった。ただ、寝起きが悪くてなかなか実践できない」

「朝は家族のことも面倒見なくてはいけない。何か打開策はないか」

「朝より、夜のほうが集中できるような気がする。夜型人間は不利ではないか」

「最近、夜に自由な時間が増えた。朝のように時間活用できないか」など。

みなさんはいかがでしょうか。

私はこの気持ち、よくわかります。

たしかに朝が得意な人もいれば、夜が得意な人もいます。体内遺伝子（時計遺伝子）によって朝型、夜型が決まるという研究結果も英国の研究チームより発表されています。

何より、私がもともと超夜型人間。

ヘアーサロンや日焼けサロン、アパート賃貸の会社を経営する傍ら、10年間ＢＡＲのオーナーをしていたこともあり、朝方まで起きていることもしばしば。友人などから「超夜行性」と呼ばれていました。その後、ブランディングプロデューサーの仕事がメインとなり、生活も朝型に変え、朝時間を活用していますが、今も、あえて夜にしていることもあります。

こうしたことをセミナーの際、触れるようにしたところ、思いのほか、好評をいただき、中には、結果を出す人も出てきました。そこで、「結果を出す夜活アドバイザー」として、夜時間についてお話しするシークレットセミナーを開催すると多くの方が参加してくださったのです。こんなにも必要としている人たちがいるんだと、驚きました。


そしてもう1つ、今回、本書を書く決意をした理由があります。

時代の大きな変化です。

ワークライフバリューという言葉を聞いたことのある人も多いでしょう。

ライフバランスを大切に考えるという風潮、働き方改革などによって、日本人の夜が2時間から3時間長くなっています。都内にある大型書店は従来、混雑時のピークは午後8時から9時でしたが、働き方改革後は2時間早まり午後6時から7時ぐらいになったそうです。

また、新型コロナウイルスの世界的大流行により、感染防止のため在宅ワークが増え、帰宅時間がより一層早まり、夜の過ごし方、時間の使い方が大きく変わりました。

この新しく生まれた夜時間をどう過ごすか。
それが、これからの人生を形作ることは明らかです。

振り返って考えてみれば、これまで出会うことができた、いわゆる成功者と呼ばれている方、結果を出し続けている人たちも、夜だからできること、あえて夜にすることなどをそれぞれ持ち、夜の時間を上手に活用されていました。

こうしたことから、夜時間の重要性を改めて感じるとともに、より効果的な夜の活用法をお伝えしたい、そう思い、本書を執筆いたしました。

本書では、成功者と呼ばれる一流の人たちの夜の過ごし方、そして、私がセミナー等でお伝えしている夜時間の使い方の中から多くの人が実践し、結果を出していることを紹介しています。

1～5分ほどでできてしまうワークもたくさんあります。

できることから、夜の過ごし方として取り入れてみてください。

すべてを一気に実践する必要はありません。無理せずできることから始め、徐々に増やし、必要な時に必要なワークを行ってください。


あなたの人生に大きな変革を起こすことが本書の目的です。

どうぞ新しい夜時間を使って、人生を大きく変える夜の習慣を手に入れてください。

私たちの人生は、1日の積み重ねで成り立っています。

今日をいかに生きるかで明日が変わり、人生が変わります。

それでは、本文でお会いすることを楽しみにしています。

2020年6月

結果を出す夜活アドバイザー
ブランディングプロデューサー　後藤勇人

第1章 最高の自分に生まれ変わる夜のワーク

Contents

第2章 仕事で効率よく結果を出す夜のワーク

第3章

アイデアが高まる夜のワーク

Contents

第4章 人との関係が劇的によくなる夜のワーク

第5章

将来の夢を実現する夜のワーク

Contents

第6章 心を元気にする夜のワーク

第1章

最高の自分に生まれ変わる夜のワーク

「ただいま」と言ってから家に入る

あなたは家に入る時に「ただいま」と言っていますか？

家族がいる人は当然言っていると思いますが、一人暮らしだったり、家族が留守をしている時は省略してしまっている人も多いのではないでしょうか。

「ただいま」は、「ただいま戻りました」と家人に伝えるための言葉ですが、まったく別の役割も持っています。


1つめは、今日1日頑張った自分に対してのご苦労様という労いです。

自分に対する言葉がけを心理学ではセルフトークと言います。

代表的なのが「私は大丈夫」。多くの場合、セルフトークは自分を励ます必要がある時に効果を発揮します。

「ただいま」という言葉を発することによって、自分を労うとともに、自分が頑張ったことを認識するのです。

２つめは、脳や心、体を家モードに切り替えるスイッチです。

家に帰ってきたことを言葉にして自分に伝えることで、誰にも見られない（家族はいますが）本当の意味でのプライベート時間、リラックスタイムの始まりだと、自分の脳や心や体に認識させるのです。

会社が終わったら自分時間という捉え方もできますが、他人に見られているという意味ではオフィシャルな要素が多分にあります。本当の自分を解き放つことができ、脳や心がリラックスできるのは、やはり家というプライベートな空間です。

「ただいま」という言葉で脳や心に「リラックスしていいよ」と伝えているのです。

オフィシャルな場にいる時、自分で意識している以上に脳も心も体も、それこそ細胞レベルで最大限のパフォーマンスをしようと頑張っています。切り替えをきちんとして、オフの状態を作ってあげないと、脳も心も体も疲れ果ててしまいます。

ところが、多くの人がその切り替えができておらず、家に帰ってきてからもその状態が続き、翌日まで引きずっているように感じます。

あまりにも疲れすぎて、家に帰ってきてからもテンションが高いままの自分に困ってしまったことはありませんか。

私も以前、大きな仕事があった日に、テンションが高くなりすぎてしまい、家に帰ってからも落ち着かず、とても疲れているのにベッドに入っても眠りにつくこともままならないということがありました。当然疲れも取れず、翌日は最悪のコンディションで過ごす羽目に。

日ごろから「ただいま」をスイッチにしておけば、その言葉を口にすることで脳や心や体も「オフの状態に入っていいんだ」と理解できるので、どんなに大変だった日でもきちんと休んで癒す働きを行い、こうした事態を起こさずに済みます。

実際この習慣がつくと、「ただいま」という言葉とともに、プライベートタイムの幕が開けたという心理的作用が働き、脳や心、体がリラックスして力みが抜けます。
そして、１日の疲れを癒し始めます。

夜時間は、リラックスして翌日のパフォーマンスを上げるために力を溜める時間でもあります。
日中のオンの時間との切り替えをしっかりつけることが何より大切です。

オフの時間を意識して作り出すことで、
オンの時間に最高のパフォーマンスをすることができるのです。

「ただいま」で、リラックスタイムをスタートしましょう。

WORK 2

鏡を見て今日頑張った自分に感謝する

夜時間を活用するうえで、とても大切なことがあります。

それは、日中の自分を引きずらないことです。

特にマイナスの感情を引きずったまま、本書で紹介しているワークをしても、効果が半減、いいえ、それ以下になってしまいます。

ただそうは言っても、なかなか切り替えられないこともあるでしょう。

そういう時は、鏡で自分の姿を見ることです。

ハーバード大学の研究で、「イライラした時に鏡を見ると精神が安定する」ことが証明されています。これは、脳科学的にも立証されています。

朝は、身だしなみを整える必要があるので、鏡を見る人がほとんどでしょうが、夜に鏡で自分を見るかというと、ほとんどの方が見ていないのではないでしょうか。

セミナー等で、何度かこの質問をしてみたのですが、女性の方は7割くらいの方が毎晩鏡を見ているとのことでしたが、男性はほとんどが鏡を見ていない（見ているかもしれないが意識にない）とのことでした。

皆さんはいかがでしょうか。


結果を出し続けている人は、男性も女性も、夜、鏡をよく見ています。

鏡の中の自分と対話するのです。

鏡を見慣れていないと、わざわざ鏡を見る時間を作るのは面倒かもしれません。

私のオススメは、帰宅後、手を洗う時に意識して鏡と向かい合う時間を持つことです。

手を洗う前に2～3分でいいので、洗面台の鏡で自分の顔を見ながら、今日の反省と、よかったことを思い浮かべ、最後に1日頑張った自分に感謝を伝えます。

たとえば、こんな感じです。

まず鏡に向かって、今日頑張った自分に「ご苦労様」と声をかけます。

次に、その日、よくなかったアクションについて振り返り、「次回はこうしよう」などと、改善案を考えます。感情的にならず、客観的に行ってください。

続いて、今度はよかったことを思い出します。「お弁当がおいしかった」「電車がすいていて快適だった」、どんな些細なことでもかまいません。

そして、「今日は頑張ったね」とほめ、感謝します。

これで、終わりです。

ポイントは、どんなにうまくいかない1日だったとしても、必ずよかったことを思い浮かべることです（反省すべき点が思い浮かばない日は、あえて見つける必要はありません）。

反省だけで終わってしまうと、ネガティブな心の状態で夜時間に突入してしまうことになります。よかったことを思い浮かべてポジティブな気分を味わってから感謝するのが鉄則です。

自分の頑張りをいちばん知っているのは、自分自身です。
わかってくれている自分に心から感謝されることで、
明日また頑張れる自分になるのです。

鏡を通して自分と向き合う時間を、眠る直前に取りたい場合は、それでもかまいませんが、マイナスの感情でいっぱいの時は、なるべく早い時間に行うことをオススメします。

ネガティブな感想でその日の自分の頑張りを締めくくるのではなく、ポジティブな感想でその日の自分の頑張りを締めくくることで、夜時間を気分よくスタートできます。

頑張っている自分を認め、頑張ってくれた自分に感謝すると、心がふっと軽くなり、1日の疲れや後悔がリセットされ、少し離れたところから客観的に、自分を見ることができます。

また、鏡を見て自分に感謝することは、自己肯定感を高めます。頑張っている自分をしっかり認め、肯定し、感謝してあげましょう。

鏡を見るメリットはほかにもあります。

若さを保てることもその一つです。

しわや肉付き、たるみ、表情、目つき、髪の状態――。様々なものが、日々変化しています。

毎日鏡の中の自分と向き合い、チェックすることで、ちょっとした変化であっても気づくことができるため、微修正で済みます。

仕事柄、モデルの方たちとご一緒する機会があるのですが、美意識の高い職業だけあって、鏡を見る回数が格段に多いです。これは常に見られていると意識すること、そして、自分がどんな風に見えているかを確認し、気づいたところを調整し、最高の自分を作り上げるためです。

毎朝鏡を見ていても、朝のチェックは、身だしなみの確認がメインなので、服装や髪形などに目がいきがち。自分の様子までは意外と意識がいっていないものです。自分自身の見た目の変化を感じるには、落ち着いて鏡を見ることのできる夜の時間が向いています。

自分の見た目に意識を向けることができると、他人からの信頼も得やすくなります。

朝の忙しい時間に身だしなみを整えるために見る鏡の中の自分と、夜の落ち着いた時間の鏡の中の自分とはまったく違います。

頑張っている自分を、きちんと見てあげてください。

WORK 3

うまくいかなかった日はリセットする

1日中よいことばかりのパーフェクトな1日もあれば、やることなすことミスだらけだったり、トラブルが続いたり、会社や周りの人に大迷惑をかけてしまったりといった残念な日もあるでしょう。

そんな日は、「なんて自分はダメなんだ」と自分を責めたり、すっかり落ち込んでしまったりと、マイナスの感情に押しつぶされそうになってしまうかもしれません。しかし、今日がどんな1日であったとしても、明日は必ず数時間後にやってきます。明日も残念な日にしては、それこそ目も当てられません。

結果を出している人は、どんなに残念な日を送っても、絶対に翌日に引きずりません。その日のマイナスはその日のうちに、必ずリセットするからです。

マイナスをリセットする方法は、次の通りです。

まず、家に戻ったらリラックスできる服装（リラックス・ウェア）に着替えます。

続いて、落ち着ける場所に腰を下ろします。

次に、今日1日を振り返ります。よかったことは鏡の前のワークで行うので、ここではマイナスのリセットだけにフォーカスし、「なぜ、そのような残念なシチュエーションが起きてしまったのか」を考えます。

原因がわかったら、どう行動すればよい結果になったのか、解決策を考えます。解決策が見つかったら、よい結果に導く行動をシミュレーションします。

頭の中で今回の反省を活かして行動を起こし、よい結果を導くのです。

残念な日を残念でなかった日にするのです。

こうすることで、残念な結果を導き出した行動と対策が明確になるので、頭の中にしっかり残り、また同じ事案が目の前に現れた時でも、同じような間違いをしなくなります。

4万人超もの人々に記憶力を高める方法など脳の使い方を教えている小田全宏先生は、著書『頭がいい人の脳の使い方』（あさ出版）の中で、このように述べています。

「復習のペースは個人それぞれでよいというのが私の考えです。

ただし、絶対に欠かせないタイミングがあります。

それは、授業の直後です。

よく、『授業ではよくわからなかったから、家に帰って復習して理解しよう』と考える人がいますが、これはまったくの間違いです。

すぐに復習してわからなければ、その場で先生に聞きましょう。授業を聞いてわからないものを、あとで復習してもわかりません。」

ビジネスにおいて、トラブルやミスがあったその場で復習することは現実的ではありません。そこで、復習ができる最も早いタイミングで、振り返りを行うのです。

シミュレーションが終わったら、ミスやトラブルについてはキレイさっぱり忘れてください。

ミスの原因を突き止め、対策も立てた。これ以上、自分を責めても、落ち込んでいても何も生まれません。ムダなことはやめましょう。

人は、嫌な経験、ショックを受けたことのほうが強く記憶に残るという性質があります。マイナスの感情を持っていると、せっかくシミュレーションして覚えたよい結果を導き出す行動の記憶が薄れてしまいかねません。

また、寝室やベッドにマイナスの気持ちは絶対に持ち込まないでください。

ベッドに持ち込んでしまったら、潜在意識がネガティブな状態のまま眠りに入ることになるので、目覚めも悪く、ネガティブな状態で翌日がスタートすることになります。こんな状態では、当然ミスが起き、さらに周りに迷惑をかけるばかりか、前日に引き続いて失敗ばかりしていたら、「この人に任せるのは不安だなあ」と、信用されなくなってしまいます。よい結果を導き出す行動をしっかり頭に入れ込むためにも、ミスやトラブルは忘れてしまいましょう。

WORK
4

怒りの感情を手放してしまう

皆さんは、怒ったことはありますか？

いいえ、と答える人はいないでしょう。

私も、あまり怒らないほうではあるのですが、やはり理不尽な目にあったりすると怒りの感情を抱いてしまいます。

こうしたマイナスの感情は抱かないほうがいいと言う著名な方もいますが、人間は感情の生き物なので、無理に押し殺す必要はないと私は考えています。

大事なのは、マイナス感情が生まれた時にどうするかです。

なかでも、怒りの感情は厄介です。

怒りの感情を引き起こすのは、ノルアドレナリンというホルモンです。これはやる気を引き起こす役割を持っているため、パワーがあります。過剰に出てしまうと、本人でも制御不能になって相手に感情をぶつけてトラブルになってしまったり、表に出さずに済んだとしても、おなかの中に抱えているとちょっとしたことでイライラしたりと平穏な状態が保てず本来の自分を見失うなど、生産性が下がってしまいます。上手に付き合う必要があります。

私がこれまで出会ってきた一流の人たちは、感情をコントロールするのが素晴らしく上手です。

どんなに理不尽な目にあっても、まったく怒らず、不機嫌な様相すら出しません。あまりに見事なので、どうやって感情をコントロールしているのか、知人の経営者に尋ねたことがあります。すると彼は、「怒りの感情を手放す」アファメーションをしていると教えてくれました。

彼の教えを踏まえて、私は次のように怒りの感情を手放すようにしています。

自分に起こることはすべて神様のご意思によるものであり、自分が引き寄せたこと。

まず、そのことを理解・確認します（最初のうちは、言葉にして自分に言い聞かせていました）。

そして、起きたこと、起きた感情をそのまま受け入れます。

「こういうことが起きているな」「私はこういう感情を抱いているな」とただ冷静に見て、「なるほど。この状況を受け止めた」といったん頭や心で理解したら、そこで終わりにします（これを「流す」と表しています）。

この時、「こういうことは思ってはいけない」とか、「あの人がわざとやったんだ」など、ムダな解釈を行う必要はありません。

ただ、起きていることだけを見ます。

どんな結果も安らかに受け入れ、
自分と違う意見であっても否定せず、
今できうる最高の行動をとり、天命を待つ。
それが、よい結果を引き寄せることになります。

本来であれば、怒りの感情を手放すこのワークは朝が適しているのですが、周りが騒がしかったりバタバタしたりしている場所ではどうしても雑念が湧いてしまいます。また、怒りの感情が強いと、１回のワークですべてを手放すことができないこともあります。

夜、短い時間であっても静かに過ごすことができるなら、朝のワークを補完する形で行うのがオススメです。怒りの感情を抱いた夜に1回ワークを行ってある程度薄めておくことで、朝のワークでしっかり取り除くことができます。

怒りの感情に振り回されず、平穏な心で、自分らしく次の日を始められ、物事がうまく運ぶようになります。

自分では意識していないうちに、怒りの感情が溜まって、ワインの澱のようになってしまっていることもあります。

定期的にこのワークをして、心の掃除をするといいでしょう。

WORK 5

夕食前にお風呂に入る

あなたは夕食前にお風呂に入るタイプですか？
それとも、夕食後にお風呂に入るタイプですか？
どちらでもいいのではないか、と思ったかもしれません。
ですが、結構重要なことなのです。

私の周りの結果を出している人たちは、会食などがなく家で夜過ごすことができる日は、夕食前にお風呂に入っています。それも、できる限りシャワーではなく湯船に浸かります。

理由は大きく2つあります。

１つは早い時間にお風呂に入ることで、オンモードになっている身体を緩めるためです。

人は人と会ったり、仕事をしたりといったオフィシャルな場に出ると無意識のうちに、筋肉に力が入ります。緊張すると体が硬くなるのもその表れです。

無意識によるものなので、自分では気づかないことがほとんどですが、力を緩めずにリラックスタイムに入ってしまうと芯から疲れを取ることができません。

疲れが取れることで、身体が持つ本来の感覚が戻ってくるため、夜時間の効果も高まります。

もう1つは、体型のコントロールのためです。

私はいつも夕食前にお風呂に入り、入浴前と入浴後に体重計に乗って体重の増減をチェックし、さらに全身鏡で自分の体のラインをチェックします。その結果に応じて、夕飯、そして、嗜むお酒の量を決めます。３食の中でも特に夕食が体型に与える影響が大きいからです。

体重が理想よりオーバーしている場合は、夕飯の量を控えたり、お酒の量を控えたりします。また、ちょっと長めに湯船に浸かったりします（それだけで1キロ近く体重が減ることもあります）。

反対に自分の理想体重より減っていたら、多めに食べて体重を維持するよう努めたり、お酒の量を少し多めにとっても問題ないと判断し堪能します。

このチェックを始めてから、気づいたら何キロ太っていたとか、特別にダイエットしないといけないというような事態に陥ることがなくなりました。それまでは、うっかり太ってしまってはあわててダイエットに取り組んだりすることもあったのですが、今はこの入浴前後のチェックのみです。

毎日体重をチェックするなんて面倒に思うかもしれませんが、ダイエット生活のほうがよほど面倒です。さらに、人生の限られた時間をダイエットのために使うなんてもったいないことをする必要もなくなります。

体型にここまで意識を向ける理由はとてもシンプルです。

憧れの人と出会う機会があり、話しかけに行きたかったのだけれど、その人の周りにキレイな人、もしくはカッコイイ人たちがいたから躊躇(ちゅうちょ)してしまった。

そんな経験はありませんか？

人は身体に自信がないと、つい消極的になってしまいます。

身体の自信のなさは
行動のブレーキになり、
大事なチャンスを逃がしてしまうのです。

自分の見た目にきちんと気を配れているという自負があると堂々としたパフォーマンスができます。

目指すべきなのは、顔、表情も含めて体全体を自分の目で見て「いい感じ」と素直に思える体型です。

常にベストな自分であるために、毎晩のチェックが効くのです。

WORK 6

明日の成功をイメージしながら靴を磨く

できる人ほど、靴に気を配ります。

言い換えると、靴に気を配ることができている人は、いわゆるできる人であるということです。

プロのホテルマンやキャビンアテンダントの方たちは、靴のキレイさでお客様がどういう方か見極めるそうです。元キャビンアテンダントの知人に聞いたところ、ファーストクラスに乗るお客様のほとんどが靴をキレイにされているとのことでした。

なぜ、できる人は靴をキレイにしているのでしょうか。

それは、身だしなみでもあり、相手に対する敬意を表すため。そしてもう1つ、自己評価を上げるためでもあります。

何かを成し遂げるには、自分を信じる力が必要です。

結果を出す人は、自己評価が高いです。「自分はできる」と信じて取り組むことでよい結果を引き寄せると知っているのです。

キレイに磨かれた靴を履くと、「この素敵な靴を履くのに値する自分」と認識することができ、それが自己評価を高めることにつながります。


社員８００名を抱える知り合いの社長は、若い頃から靴をキレイにすることを怠らなかったそうです。

彼は、まだ財を成す前のかなり若い頃から、靴の手入れを欠かしませんでした。自分はキレイな靴を履くのにふさわしい人間だと、靴を履くたびに認識させるためでした。

そして、キレイな靴にふさわしい自分でなければと、常に意識して行動してきたことで、成功をつかんだのです。

彼は、この靴が似合う自分というレッテルを自ら貼りつけ、そうあるようセルフコントロールしていたというわけです。

靴を磨くタイミングは、夕食、入浴を済ませてからがいいでしょう。

夜、静かに落ち着いて靴を磨くことで、ゆったりとした気持ちで明日の成功のイメージトレーニングもでき、自己評価を高くして自信もつくからです。

靴を磨くのは朝がよいという人もいますが、出かける間際にちゃちゃっと済ませるようでは、効果は出ません。

夜しっかり時間を取って、明日の予定がうまくいくことをイメージしながら、商談があるならその成功を、会議があるなら有益な発言する自分の姿を、誰かと会う予定があるならその場をみんなで楽しんでいる様子をイメージしながら磨きましょう。

自信があってもなくても、頭の中で、明日はうまくいくと決めてしまうのです。

イメージの力は絶大です。

うまくいく自分の姿をイメージすると、脳はその姿を現実だと思い込み、成功体験として記憶します。たくさんの成功をイメージすることで、成功体験を作ることができ、それが自信になるのです。

ぜひ今日から実践してみてください。

WORK 7

今日決断したことを振り返る

すべての行動の最初にあるのが決断です。

おそらくほとんどの人が、毎日たくさんの決断をしているはずです。

決断し、それを受けて行動し、結果が出て、今日という日が前進し、明日という未来が作られます。

つまり、今日決断したことが、実際に行動に移せたかどうかで、明日、そして未来が変わってくるということです。

結果を出している人は、決断したことはタイミングの調整はあれど、確実に行動に起こしています。そのため、明日という未来がしっかり形作られ、結果につながっているのです。

一方、うまくいっていない人たちの話を聞いていると、決断はしたものの、行動を正しく起こせておらず、そのために結果を導き出せていないことが少なくありません。なかには、うっかり行動することを忘れている人もいます。

どんなにいい決断をしても行動を起こさないのであれば何も考えていないのと同じです。

今日１日どんな決断をしたのか、振り返ることで、決断したのに行動できていないという事態を避けることができます。

私のクライアントの女性は、毎日ＳＮＳで自身の行動をアウトプットすることを決め、実行しています。

彼女は、毎日その日に書くネタを探し、どんなふうに書くかを決めて、まとめているのですが、最初のうちは、決断したとおりのアウトプットができない日も少なくありませんでした。しかし、この振り返りのワークを始めてからアウトプットの漏れもなくなり、内容もどんどんよくなっていきました。その結果、ネットでの露出が増え、彼女に共感してくれる人たちも現れ、ＳＮＳ経由でクライアントを獲得できるようにまでになりました。

このワークの方法は、とてもシンプルです。

まず、自分が今日１日の間に決断したことを思い出します。

心の中で思い起こしていくだけでもよいのですが、最初のうちは漏れが起きてしまうこともあるので、紙に書いて明確にしたほうがいいでしょう。

ただし、些末(さまつ)な用件は外します。

ケンブリッジ大学の臨床精神心理学教授バーバラ氏の研究によると、人は１日に最大３万５０００回の決断をしているそうです。つまり、事細かに決断を書き出すと大事なことが埋もれてしまうので、優先順位の高いもの、そして、大事な結果につながる決断だけにします。

書き出し終わったら、それぞれ実際に行動を起こしたかどうかのジャッジメントを行います。

たとえば、朝、「今日は50ページ分の原稿を執筆する」と決断したとします。もし達成しているのであれば､行動した自分をしっかりほめて二重丸◎をつけます。達成していないのであれば、どのような原因があって達成することができなかったのか原因を探ります。

原因を特定できたら、次回同じ決断をした時には、同じような間違いをしないようにするために、どのようなアプローチを取ったらいいのか考えます。「なぜ、その原因が起きてしまったか」を、原因ごとに掘り下げていくのです。

原因は１つとは限りません。

私の場合、原稿執筆が進まない時は、執筆時間を作ることができなかった、執筆時間を作ることはできたがモチベーションが続かず、ついだらけてしまったなどが、その理由・原因になります。どんな理由も書き込んでください。

原因が複数ある時は、その1つひとつの原因に対して解決策を探します。

執筆時間が作れなかったことに対しては、「なぜ、時間を作れなかったのか？」、そして、「どうしたら時間を取れるようになるのか」を考え、隙間時間の活用であったり、ネットサーフィンを止めるというアプローチを解決策とします。

モチベーションが続かなかったという原因については、テレビの音が気になってしまったとか、ついメールチェックをしてしまい集中力が続かなかったなど、原因が起きてしまった理由を導き出し、執筆の時間とテレビを見る時間を明確に決め、録画するなど、対策まで考えてまとめてください。

行動しているのに結果が出ないという人もいるかもしれません。その場合は、自分では気づけていないところでブレーキがかかっている可能性があります。

そのため、行動できた決断についても、その理由を振り返ります。

決断を振り返ることで、何ができていないかがわかるとともに、できていない理由が明白になるため、次に決断した時に行動に移せるようになるだけでなく、生み出せ

優先順位のつけかた

決断したこと	行動できたか	達成できた理由 達成できなかった原因・理由	対策
1　50ページの原稿を書く	◎	完成	
2　新プロジェクトの企画書を完成させる	△	途中まで 急な会議が入り時間が取れなかった	明後日の午前中に完成させる
3　マーケティングの勉強	×	取り組んでいない 疲れて気持ちがのらなかった	来週の予定に組み込む
4　SNSに書き込む	◎	完成	

る結果の質と量を大きく飛躍させることができます。

結局、結果は行動に起因します。

それだけ、日々の決断を行動に移せているかが肝心なのです。

決断に対してなかなか結果が伴わない人は、決断と行動の関係を見直すことで、結果の質をコントロールできるのです。

第2章

仕事で効率よく結果を出す夜のワーク

WORK 1

鞄を空っぽにする

どんなものでも長く活躍し続けるには、メンテナンスが欠かせません。

数千万円で購入した高級な時計であっても、メンテナンスがされておらず、針が動かなければただのガラクタです。きちんと電池交換を行い、動き続けている1000円で購入した時計にはかないません。

どんなに優秀であっても、メンテナンスができていなくては、パフォーマンスは下がってしまいます。

結果を出し続けている人は、自身のメンテナンスはもちろんのこと、普段使っているものについてもメンテナンスを欠かしません。

自身がどんなに最高のコンディションであっても、パフォーマンスの際に使う道具

（ツール）のコンディションが悪くては、よい結果を引き出せないことを知っているのです。

時計、万年筆、パソコンなど、使うものはすべてあなたのサポーターです。サポーターがきちんと働いてはじめて最高のパフォーマンスにつながるのです。

成長を続けている知人の経営者は、毎晩、帰宅すると、ビジネスシーンで使う鞄の中身をすべて机に出し、空っぽにするそうです。

そして、いざという時、インクが出ない、電源が入らないなどといったことがないように1つひとつチェックし、メンテナンスします。

終わったら、翌日使うものだけを、すぐ取り出せるように整理しながらしまうのです。この時、鞄の状態もチェック。これで、鞄のメンテナンスになります。

なぜ、わざわざ鞄を空っぽにするのか、それは常に気持ちよく仕事をするためです。

いつも使うものだからと鞄に入れっぱなしにしていると、いつの間にか荷物が増え、ごちゃごちゃしてきます。その結果、鞄を開けるたびに必要なものがなかなか見つからず、イライラすることになり、行動やマインドに影響します。

人生においていちばんムダなのは、探し物をしている時間です。少しでもその時間を減らしましょう。


私も毎晩、鞄を空っぽにして、メンテナンスを行っています。

いろいろな仕事を手掛けているので、資料が交ざらないよう、透明やメッシュのポーチやクリアファイルなどを使って、何がどこにあるかわかるように整理し、使う可能性の少ないものや最近使っていないものは思い切って取り出します。

そうすることで、探し物をする時間がなくなるばかりか、忘れ物もなくなります。

また、大事な書類を、うっかり間違って、違う相手の目に触れさせてしまうなどといったミスもおかしません。A社の担当者にB社との取引内容がわかる書類を見せてしまっては、取り返しのつかないことになります。少なくとも、間違った書類を見た相手は、「ほかでうちの書類を誰かに見せてしまっているのかもしれない」と信頼を失いかねません。

他にも、鞄に入れたはずなのに見つからない、書類がよれているなどといった状態も相手は幻滅するものです。

前夜に整理しておけば頭の中に鞄の中の状態がインプットされているので、こうしたことも起きません。


鞄の中が整理できているとよいことしか起きないのです。


キレイな場所には、よい気が流れます。

きちんとメンテナンスをした鞄を持ち歩くということは、よい気が常に身近にあるということです。

私は鞄をお守りとしても活用しています。悪いエネルギーから自分を守るために、粗塩をポーチに潜ませているのです。

最高のパフォーマンスを確実に行うために、鞄を強力なサポーターにしてしまいましょう。

WORK 2

次の日を先取りする

「こんな風になるとは思っていなかった」

「もっとこうしておけばよかった」

ミスやトラブルが起きた時、そんな風に思うのではないでしょうか。

しかし、「後悔先に立たず」という言葉があるように、一度起きてしまったら、悔やんでも取り返しがつきません。

ミスやトラブルの要因の多くは、予期しないことです。

つまり、想定外の状況になることをいかに少なくするかが大切だということです。

結果を出し続けている人は、翌日のスケジュールを確認し、頭の中でシミュレーションしています。

それぞれの予定についてではなく、一日の流れを予習しておくのです。

どんな服を着て、何時に家を出て、外出があるならば、何時にオフィスを出て、どの乗り物で移動して、どこでどんな商談をして、帰社後は友人と会って――、などと事細かに行います。電車やバスなどの時刻も確認しておきましょう。

先に潜在意識レベルで成功を体験し、想定外が起きる状況をなくしてしまうのです。

こうすることで、実際の場面でもうまくいくことが多いのです。

心理学の世界でもイメージトレーニングの重要性は語られています。

人は、成功をイメージしただけで実際の成功だと認識し、成功体験として脳に刻み、実現できるようになります。スポーツ選手が成功するイメトレを重視するのもそのためです。

最近、注目されつつある「予祝（前祝い）」という習慣も同じです。

成功イメージの先取りは、結果を出すための大事な戦略と言えるでしょう。


大事なプレゼンや商談があるなら、資料の内容チェックや詳細なシミュレーション、質疑応答への対応準備とともに、うまくいったというシーンまでイメージします。

どんなにしっかり頭に入っていたとしても、書類も隅々まで目を通します。そうすると、もしかしたらこんなことを聞かれるかもしれない、こんな対応が来るかもしれない、などということが見えてきます。さらに、多少の想定外があっても、余裕をもって対処できるのです。


私も仕事がある前の晩は、シミュレーションを行うようにしているのですが、会食などがあり、できない日もあります。

シミュレーションができた日と、できなかった日とでは、パフォーマンスに大きな差が出ます。

たとえば、コンサルティングの場合、シミュレーションできた日は、相手からのレスポンスにだいたい即答できるのですが、できていない日は、相手の言っていることが何を指しているのかを理解するのに時間がかかったり、答えるのが遅くなってしまったりなんてことがあります。

返事が早く的確である人とレスが遅く対応に不安を感じる人、どちらと仕事をしたいか、どちらが信頼できるかは明確でしょう。

次の日の先取りは、心に余裕を作り、仕事相手に安心感を提供するのです。

WORK 3

出会いをメールで演出する

数年前の話になりますが、初めてお会いする約束をしている方から、約束の日の前夜に次のようなメールをいただきました。

「後藤 勇人 様

明日お会いさせていただく〇〇です。

今回は貴重なお時間を割いていただき心から感謝いたします。
明日のことを考えると、今からワクワクしてしまいます。
明日は、ブランディングと後藤様とのビジネスコラボにつきましてディスカッションしたいと考えています。
また、お時間が許せば、ご著書についても、お話をお聞きしたいです。
明日は、○○時に、△△に伺わせていただきます。
着きましたらお電話させていただきます。
なお、私の電話番号は、０９０-××××-××××です。
それでは、どうぞよろしくお願いいたします。
お会いできることを心から楽しみにしています。」

前日にメールをくださる心遣いに好感を抱くとともに、その文面に、しっかりしていて信頼のできる人だなぁと感じました。
会うことへの期待と感謝の言葉、どんな話をしたいか、そのポイントまで簡潔に記してくださっていたからです。その方にお会いできることが、より一層楽しみになりました。

会う約束をしている相手に、前日、メールを送ることは、アポイントメントの確認になるとともに、出会いの演出になります。

特に初めて会う相手や久しぶりに会う相手、また、だいぶ前に約束した相手には、前夜にアポイントメントの内容と、会うことを楽しみにしている気持ちを表現するひと言を添えてメールを送りましょう。

相手の方はその気遣いをうれしく思い、あなたに対して気が利く人と、好印象を抱くでしょう。

会う前から、会えることにポジティブな感想を抱いてもらうことができます。

昼間にメールを送ってももちろんよいのですが、ビジネスタイムは何かと忙しい時間帯なので、一通一通、味わう余裕がない可能性があります。あえて夜、あまり遅くない時間に読んでもらえるように送ると、相手も余裕ができ、明日のあなたとのアポイントメントに意識を向けることができるのでオススメです。

気遣いができる心のスタンスは、
大きな武器となって自分の成長と成功をサポートしてくれるのです。

アポイントメントの確認メールは、長い文章である必要はありません。作成にも、さほど時間をかけなくてよいでしょう。

むしろ、簡潔に要素を押さえてあることが好印象のもとになります。

基となるパターンをいくつか作っておき、使い分けるとより少ない労力で好印象を演出できます。

WORK 4

相手を思いながら身だしなみを整える

仕事柄、多くの起業家、フリーランスの方とお会いします。オシャレな方も多く、美容関係の仕事も手掛けている私としては、とてもうれしく、また勉強になるので、意識して観察しています。

その中で、順調に成長していく人、結果を出し続ける人もいれば、なかなかうまくいかない人、それぞれの共通点を見つけました。

それは、身だしなみをきちんと整えている人には、チャンスがどんどん訪れるということです。

身だしなみをきちんとしていると、相手に安心感を与えます。一方、身だしなみが整っていないと、きちんとしていない人という印象を与え、「この人、大丈夫だろうか」

と相手が不安を覚えます。

出会いの時点で、チャンスをふいにしてしまうのです。

ビジネスは人の縁がチャンスになります。私も、多くの方を紹介いただいたり、紹介したりする中で、新しい仕事につながってきました。

ところが、身だしなみをきちんとしていない人は、紹介されることがなかなかありません。どんなに仕事ができる人であったとしても、紹介した相手が、きちんとしていない人を紹介された、軽んじられたと不快に感じたり、紹介した人に対しても不審感を抱いたりする恐れがあるからです。大切な相手にそんな思いをさせるわけにはいきません。

身だしなみとは、「身をたしなむ」という意味で、接する相手に対して不快感を与えない（よいイメージを与える）ように身なりを整えることです。

身だしなみを整えることとは、相手に対する思いを表すことであり、自身の可能性を広げるための準備なのです。

自分という存在をアピールするために服を選ぶのも大事なことですが、どう受け止めるかは相手の自由です。こちらの意図に必ずしも合致するとは限りません。

以前こんなことがありました。

友人にプライベートパーティーに誘われ、デニムのパンツに新しい柄シャツといった格好で出向いたところ、ほとんどの人がスーツ&ネクタイ姿。私が当時関わっていた仕事の第一人者と言われる方もいらしていたので紹介してもらったのですが、私の格好に違和感を抱いたのでしょう。会話が弾むことはありませんでした。どういう「場」なのか、きちんと確認してから服を選ばなかったことをとても後悔しました。

オシャレと身だしなみは違うのです。

身だしなみを整えるうえで、何より意識を高く持たなくてはいけないのが「清潔感」です。

気をつけるべきなのが清潔感の「感」です。

初めて会う相手が、アイロンがかかっていないしわくちゃで、裾がほつれていて糸が出ているようなシャツをだらしなく着ていたら、さらに髪の毛が整っていなかったらどう思いますか？　少なくとも清潔だなとは思わないのではないでしょうか？　いくらそのシャツが洗い立てで、おしゃれで髪の毛をハネさせていたとしても、相手に伝わらなければ意味がありません。

清潔であるかどうかよりも、清潔に感じられるかどうかが大切なのです。

髪、髭、眉、鼻や耳の毛の手入れがおろそかだったり、肌、爪の汚れ、服の汚れやほつれなどは、些細なことに思うかもしれませんが、相手へ与える印象はかなり悪く、「清潔感がない」「だらしない」などといったイメージは根強く残ります。たった一度のことであっても、「もしかしたらまた……」と常にマイナスのイメージがついて回り、信頼回復するのはなかなか難しいでしょう。

毎晩チェックすることで、うっかりをなくし、最低限の身だしなみを保てるようにするわけです。

オススメは、翌日、会う相手、行動内容に合わせて、服を準備し、できることなら一度、袖を通すことです。

2つ以上のアポイントメントがある場合は、重要な案件のほうに照準を合わせましょう。

そして、準備した服を着て、明日のスケジュールをこなす自分をイメージします。どこで誰とどんなふうにお会いして仕事をするか、シーンのイメージだけで十分です。そうすると、「あの人はいつも華やかな格好をしているから、この格好だと地味すぎるかな」「明日約束している場所は、取引先の○○さんがよく利用していると言っていたな。偶然会うかもしれないから、あんまりラフな格好でないほうがよいかもな」などと、気づくことがあるかもしれません。その時は、潔く服装を替えましょう。

朝、出かける前に着てみたら、いまいちしっくりこなかった、ボタンが外れていたなどの事態に陥ってしまうと、あわてて服を替えることになり、最高の自分ではいられません。

落ち着いた夜にやるからこそ、きちんとケアができるのです。

翌日、人と会う予定がない時もあるでしょう。

その時は、カジュアルな格好でよいように思うかもしれませんが、予定がないということは、フレキシブルに動くことができるということです。

こういう時こそ、急なお誘いにも対応できるよう、どんなシーンでも失礼にならないスーツかジャケットで出かけるとよいでしょう。

知人の話ですが、ある時、敬愛する一流経営者が参加する食事会に一席空きが出たからとお誘いがあり、「ぜひ！」と言いかけてあわてて言葉を飲み込んだそうです。というのも、その日の彼女は予定がないからと、ゆるゆるのコットンワンピースという超カジュアルな格好、一方食事会の会場は、ドレスコードのあるレストラン。泣く泣く断ったそうですが、いまだにその敬愛する経営者には会えていないとのこと。「あの時、きちんとした格好をしていなかった自分に腹が立つ」と何度も言っていました。

チャンスはいつ、どこに現れるかわかりません。

確実につかみ取るためにも、服は常に最善を選びましょう。

WORK
5

一人ファッションショーをする

成功している人は、「今の自分のいいところ」をよく知っています。得意なこと、求められていることなど、客観的に自分を見て判断し、その「いいところ」をよりよく見せられるよう努力しているからです。それは、見た目に関しても同じです。

いつもキレイにされている女性経営者の方がいます。彼女に、「なぜいつも素敵でいられるのですか」と聞いたところ、少し悩まれた後に、「常に〝今〟の自分に似合う装いを心がけているからかしら」と答えてくれました。

以前ファッション関係の仕事をしている方に、「人は、日々変化しているのに、多くの人が、〝似合っていた〟ものを着たがる」という話を聞いたことがあります。

どんなに若々しい人であっても、30代の時に似合った色と50代の時に似合う色は違います。年齢による肌の色艶の変化はもちろん、立場や醸し出す雰囲気など、本質は変わらなくても、変化しているものがたくさんあるからです。

ところが、多くの人が「似合っていた」＝「安心だから」という理由で、自分にとって無難な服を選んでしまうのだそうです。なかには、自分がいちばん輝いていた（と思っている）時のまま、「今も若い時と変わらない自分」であることに価値を置き、服装も髪形も変えない人もいると言います。

手掛けていることは時代の変化を見越して新しいのに、自身は昔と同じ格好をし続けている。これでは、魅力的な人とは言えません。

斬新な格好をする必要はありませんが、「今の自分のいいところ」を見ないで装いを決めるということは、自分で自分のよさをつぶしてしまっているのと同じです。

「今の自分のいいところ」を活かす服は、自身をプロデュースするうえで欠かせない、強い味方です。しっかり選びましょう。

私は新しいジャケットなど洋服を購入した日の夜や新しい出会いがある会合やパーティーに参加する時、新しく買った洋服の組み合わせがイマイチしっくりきていない時などに、全身が映るような大きめの鏡の前で、新しい服の着こなしを考えるため、一人ファッションショーをしています。

まず、相手にどんな印象を与えたいかを決めておきます。

私はシャープに見せたいので、洋服個々の魅力というより、組み合わせた時の全体のフォルム、色のバランス（あまりたくさんの色が混在しないように統一感を持たせる）を考えます。

人は視覚からの情報を重視することが多いため、どんなにいい話ができたとしても、似合っていないファッションだと、その印象が強く残り、そのままあなたのイメージとして相手の脳に刻まれてしまいます。

この作業をするかどうかで、相手に与える印象が大きく変わってしまうということです。

夜のゆっくりした時間に、一人ですることで、いろいろなチャレンジもでき、様々な素敵な組み合わせを見つけることができます。素敵な洋服の組み合わせが見つかると、気分もアップします。一人ファッションショーをすることで、洋服の着こなしのセンスも身につき、時間がないなどで、服を適当に選んだ時でも、与えたいイメージに即したものになります。

外見は内面のいちばん外側。

自分の評価を上げる装いは、夜しっかり整える習慣をつけましょう。

WORK 6

四字熟語で心を整える

あなたには好きな四字熟語はありますか？

四字熟語とは、文字通り四つの漢字を組み合わせて、一つの意味を表す言葉です。力士の方が大関や横綱への昇進伝達式の際、自身の心意気を表す言葉として使っています。テレビや新聞でご覧になったことのある方も多いことでしょう。

平成の大横綱貴乃花は、大関昇進時には「不撓不屈(ふとうふくつ)」、横綱時には「不惜身命(ふしゃくしんみょう)」を使いました。

ちなみに、不撓不屈とは、「どんな困難な壁も打ち破っていく精神を持つ」という意味、不惜身命は、「命を惜しまず物事に精進する」という意味です。

四字熟語は、仏教の教え、日本や中国の偉人、高名な博識者が自身の体験、学びをもとにつくられ、現在まで伝わってきたものが多く、人として学ぶべきこと、在り方が詰まっています。長い人生を生きていくうえで壁にぶつかったり、道に迷ったりした時の心の拠り所、心の指針となるものも少なくありません。

実際、力士の方だけでなく、経営者、スポーツ選手、文化人など、様々な場所で成功を収めてきた人たちも四字熟語を座右の銘としています。

私には、好きな四字熟語が3つあります。

安心立命（あんしんりつめい）、主一無適（しゅいつむてき）、恬退緩静（てんたいかんせい）です。

安心立命は、「安らかにして動ぜず。力を尽くして天命を待つ」、つまり、自分の目の前に起こることは、すべて自分が引き寄せた必然であり、それに対して過度に一喜一憂せず、目標実現のために今できる最善を尽くし、後は天命を待つ、この行動を繰り返すという意味です。

主一無適は、「一つのことに選択集中すること」、つまり、何か物事をやるときに、行動や思考が四方八方に散ってしまい、一つのことにフォーカスできず、うまくいかない時に立ち返る言葉です。

恬退緩静は、「穏やかで争わずゆったりして物静かな様」、つまり、人と対立して争いごとを起こしても、そこから生まれるものは何もない、ムダな争いをせず、穏やかな自分を保つことの大切さを伝える言葉です。

この3つは、今の私の座右の銘、心の指針となっています。自室には、3つを書いた紙を壁に貼り、毎晩、1分間眺めては、自分の考え方や行動がぶれていないか、確認し、心を整えています。


ただ、そうはいっても、なかなか座右の銘となるような言葉には簡単に出会えないと思いますので、まずは今のあなたが「こうありたい」と思う四字熟語を見つけて、夜、見返すようにするとよいでしょう。

「明日、こうありたい」と思う言葉を選び、見つめるだけでも、心を整え、スイッチを入れることができます。

心を整え、前に向く時間を意識して持つことで、
日常でブレた自分を
本来の自分に戻すことができます。

「平常心」を保つのにオススメのワークです。

WORK
7

自分を接待する

毎日、頑張っている自分に対し、時にはご褒美をあげましょう。

よく女性が「自分へのご褒美」として、ちょっと高級なスイーツを買ったり、エステに行ったりしていますが、この「自分へのご褒美」制度、とても効果が高く、素晴らしいです。

私は以前、仕事の関係で定期的にエステサロンに行っていたことがあります。

全身オイルマッサージや、エステマッサージを受けたのですが、世の女性たちはこんなに気持ちいいものを定期的にやっているのかと、驚きました。

体が気持ちよさを感じるのはもちろんですが、プロに体のメンテナンスをしてもらえる何とも言えない贅沢感、自分の体が特別扱いをされているように感じ、心も満たされました。

女性がエステに行ってキレイになる理由は、体の外側のメンテナンスとともに自己肯定感が高まるからなのでしょう。

これ以降、コンサルティングやセミナーなどで都内のホテルに滞在する時には、自分へのご褒美と、体のメンテナンスを兼ねて、ボディケアをするようにしています。

実際に疲れが取れ、体がリフレッシュするので、明日への活力が湧いてきて、よいパフォーマンスにつながっています。

ほかにも、時間に余裕がある時には、温泉に行く、緑に囲まれたマイナスイオンたっぷりの場所に行くのもいいでしょう。心も身体も解放されます。

自分の体や心をもてなすことができてはじめて人として輝くことができるのです。

どんなに外見を繕（つくろ）っても、本体である体が疲れていては、輝きは生まれてきません。

どんなに気力で取り繕っても、見た目が疲れていては、相手に伝わってしまいます。

身体も心も満たされることで、あなたが本来持つ魅力を存分に引き出せ、ビジネスでも結果がついてきます。


人の脳は、ご褒美があることで、頑張ろうと思います。

自分には、接待される価値があるのだと、自己肯定感も高まります。

定期的に、接待を行いましょう。

家でできるご褒美もよいですが、やはり、特別感が大切なので、少し背伸びして接待がいいでしょう。

あなたの体は、さらにポテンシャルを発揮して、素晴らしいパフォーマンスをしてくれるでしょう。

第3章 アイデアが高まる夜のワーク

WORK 1

心が癒される音楽を聴く

アイデアがなかなか出ない——。

そんな時は、脳に疲労が溜まっていることが考えられます。

常に情報のシャワーに晒され、朝目覚めた時から、夜寝るその瞬間までスマートフォンを見たり、仕事で終日パソコンの画面を見続けたりと、ただ日常を過ごすだけでも相当な負荷が脳にはかかります。

脳を使いすぎると、当然脳は疲れ、正常な動きができなくなります。

さらに、脳が操っている自律神経にも支障が出てしまうこともあります。

自律神経は、体の生命維持機能をコントロールする役割を担っており、24時間働いています。日中、体を活発に動かす時に働く交感神経と、夜、体を休める時に働く副交感神経とに分かれていて、この２つが正常に交代することで、心のバランスが保たれます。

ところが、多くのビジネスマンは脳を駆使しすぎているため、本来、副交感神経が働くはずの時間にも、交感神経が働きっぱなしになっています。常にオンの状態であり続けるということです。

これでは、脳も心も疲れ果ててしまい、新しいアイデアなど出てくるはずがありません。

意識して、副交感神経に交代させる必要があります。

強制的に副交感神経にシフトするには、ヒーリングミュージックが効果的です。ヒーリングミュージックは、アルファー（α）波を誘発します。

α波には様々な効果があります。体や心がリラックスし、ストレスを抑え、自律神経のバランスを取ります。また、最近では、免疫力を高め、病気を予防する効果もあると言われています。

ヒーリング音楽を、眠る1時間くらい前から聴くことで、副交感神経の領域にスイッチして、昼間のストレスがどんどん軽減し、リラックスモードに突入できます。

心と脳が癒され、健全な眠りへと誘ってくれるのです。

睡眠評価研究機構の代表、白川修一郎博士は、次のように言っています。

「脳は睡眠不足の影響が最も表れやすい器官であり、睡眠不足によって、記憶力や論理的思考力など、脳のあらゆる機能が低下する。疲れた脳から、素晴らしいひらめきは生まれない」

白川氏によると、脳は睡眠中、日中に仕入れた情報を取り出しやすい状態にインデックス化し、起きてからは良質な睡眠でしっかり改善された脳が、しっかり働き、整理した情報（記憶）に対し意外な結びつけを行うことで、斬新なアイデアが生まれやすくなるのだそうです。

脳と心を毎晩、しっかり休ませることで、

昼間に仕入れた情報を脳に定着でき、アイデアが出せるようになるというわけです。

ヒーリングミュージックとは、心理的な安心感を与えたり、気持ちをリラックスさせたりするために作られた音楽なのでオススメではありますが、心が癒される音楽は人それぞれです。

私はゆったりしたリズムで、人の声が入っていない楽器の演奏だけのものとか、川のせせらぎや波の音などを好んで聴いています。

知人は、ヘヴィメタルを聴いている時が、最も心が癒され、疲れが取れるといいます。

あなたが聴いていてほっとする曲を選びましょう。

寝る1時間前から流して、脳を休ませてから睡眠に入ると質のよい睡眠が取れますよ。

ベッドサイドに「おめざメモ」をセットする

目が覚めてすぐのまどろみ時間、とても気持ちがよいものです。

寝起きのぼんやりした時間は瞑想状態に近く、様々なアイデアが浮かびやすくなります。

この時に浮かんだアイデアは、意識で理論的に考え出したものではなく、潜在意識から自由な発想で生まれてくるものなので、大きな利益を生み出すことができます。

ある有名な科学者が以前、話していたのですが、世の中を動かすような偉大な発明や発見は、昼間研究室で根を詰めている時に湧いてくるのではなく、自分の体をリラックスした状態に解き放った後に、突然アイデアとして羽化したものが多いそうです。

昼間左脳に情報を取り込み、夜リラックスした状態になってからアイデアが生まれるので、「ナイトサイエンス」と呼んでいるとのことでした。

この論理に基づくと、朝起き抜けの時間は非常にアイデアが浮かびやすい、まさにアイデアのゴールデンタイムと言えます。

前日、本を読んだり動画を見たりして得た様々な情報が左脳にインプットされ、その後、睡眠という一定期間のリラックス時間を経て、朝、右脳でアイデアとなるということだからです。

こうした、ふとした時に思いついたものを、ただの思いつきだけで終わらせるのはもったいないです。

そうならないために、「おめざメモ」を準備しましょう。

「おめざメモ」とは、起き抜けにアイデアを思いついた瞬間に殴り書きするためのメモのことです。自由に書けるように、無地、もしくは方眼紙柄の少し大きめのメモ帳がオススメですが、デザインが気に入ったものでもかまいません。あとは、ペンを用意してください。

アイデアは、鮮度が非常に重要です。

思いついたら、何も考えず、ただそのことをメモしましょう。

一度整理してからまとめたほうがよいアイデアになると思うかもしれませんが、時間が経ってしまうと忘れてしまいかねないこと、さらには、常識的な感情、立場としての判断などが入り、エッジがなくなってしまいます。

起きて間もない時の脳は、現実と夢のはざまを行ったり来たりしているので、いつもなら考えつかないようなことを思いつくことが少なくありません。常識的な思考が入り込む前に、本当に閃いたままのアイデアをメモに殴り書きしておくことで、大きなアイデア、発見になる可能性が高まります。

ここで欠かせないのが「おめざメモ」なのです。

メモする時のポイントは、論理とか常識な感情を入れず、ただ浮かんだキーワードを走り書きで書き込むことです。

書き込んだら、その時点では作業は終わりです。

あとは、企画を考えるタイミング、もしくは時間ができた時に見直し、メモした原石を眺め、さらに進化させていくのです。まったく違う日にメモした原石を組み合わせることで、大きな取り組みにつながるアイデアとなることもあり得ます。

以前私は、朝起き抜けに「スリープライス」というキーワードが浮かんできて、「おめざメモ」に走り書きしました。後にメモを見返し、アイデアとして進化させ、「スリープライスの美容室」を打ち出し、多くの利益を上げることができました。

思いつくタイミングとアイデアとして昇華するタイミングは実に様々です。

アイデアに行き詰まった時に「おめざメモ」を見返すことで、次のアイデアを生み出すこともあります。

どんな思いつきも、アイデアの種になります。逃さないようにしましょう。

WORK 3

好きな場所で好きなものを食べる

アイデアは、出そうとして考えると、なかなか出てこないものです。どうにかひねり出しても、どこかで見たことがあるようなものだったり、常識や自分のパターンに縛られていて面白くなかったり。

「いいアイデアは天から降ってくる」と言いますが、その要素は強いでしょう。ですが、だからといって降ってくるのをただ待っていても、アイデアが降ってこなければ、前に進むことはできません。

アイデアが降ってくる環境を作る必要があります。

私は自宅の自分の部屋に、一人用のソファを置いています。自分がリラックスできて、自分だけのために使えるソファが欲しいと、ずっと探し続けて購入した、お気に入りのものです。

パソコン作業など、仕事に関することはデスクで行うので、このソファは、アイデアを出待ちする場所としています。

最初はテレビを見るために都合がいいだろうと思って買ったのですが、ある時、特に何かという目的もなく座っていたところ、いろいろなことが頭に浮かんできました。友人との会話のことだったり、仕事のことだったり、先日みんなで出かけたことだったり。なんでこんなことを思い出しているのか、自分でもわからなかったのですが、浮かんでくることをただ追いかけていると、ふと、ひっかかりを感じました。

そこで意識して、今思い浮かんでいたことに焦点を当ててみると、そこにアイデアの種が見つかったのです。

それからも何度か、こうしたことが起きました。さらに、ソファで出会ったアイデアの種を企画として固めたもののいくつかは、新しいビジネスモデルとなったり、可能性を大きく広げる実となったのです。

今では、アイデアを考えたい時は、事前に欲しいアイデアに関連する情報を頭に入れてから、お気に入りのドリンク、夜なので、時にはお酒とおつまみを片手にこのソファに座って、思考をめぐらすようにしています。

「○○について考えよう」と意気込むのではなく、1日の疲れも溜まっているので、無理せず、ぼーっとした状態で待ちます。頭に入れ込んだ情報の断片がフワフワと浮いてきて、続いてアイデアの種が無尽蔵に湧いてきます。その中から活用できそうなものを企画として挙げています。

なぜ、仕事用のデスクではアイデアが出てこず、一人用のソファだとアイデアが下りてくるのか。おそらく、次のような理由が考えられます。

仕事用のデスクは、「仕事をする」という役割があるため、自然に「作業をする」というスイッチが入ってしまい、仕事の延長線上で物事を考えてしまうこと。それゆえ、「ああしなくては」「これを入れなくては」などと、発想に縛りをつけてしまっている可能性があります。

一方、一人ソファは、仕事用のデスクと違って役割が決まっているわけでもなく、ゆったりするための作りになっているので、心身がリラックスして、自分の世界に入り込め、誰からも何からも邪魔されず、自由に発想ができるのでしょう。

脳科学者の茂木健一郎氏は、あるインタビューで脳を活性化させやすくする食べ物や飲み物、場所などについて尋ねられた時、「特にこれといったものはありませんが、自分の好きなモノ、場所がいいと思います」と答えられていました。

自分が心地よい環境で
好きなものを食べながら
出待ちをすることで
脳が気持ちよくなってアイデアが生まれるのです。

一人になれる好きな場所を作って、アイデアを待ちましょう。

WORK 4

一人になる時間を持つ

あなたは、1日のうち、どれくらい一人で過ごしているでしょうか。

人は、誰かと一緒にいる時よりも、一人でいる時のほうが、生産性が上がるという米国の研究結果があります。

人がいると、他人の目を気にしながら行動することになり、全力で取り組むことができないためです。

「人間は社会的動物である」というアリストテレスの言葉がありますが、人はみな、自分に与えられた役割を演じながら過ごしています。

父親として、夫として、息子として、上司として、部下として……など。それぞれ、求められる対応をしながら、1日を送っています。

役割を演じている時、無意識のうちに様々な判断が役割に即したものになってしまいます。子どもさんと一緒にいる時は、無意識のうちに「父親として、どう判断するのがいいか」と考え、会社で部下と一緒にいる時は、「リーダーとして、どう判断するべきか」で考えるのです。

「あなた個人として、どう判断するか」を考える時間が少なくなればなるほど、あなたならではの自由な発想ができなくなってしまいます。

でも、どんな役割を持っていても、あなたはあなたです。

意識して、個としての「自分」になる時間が必要です。

心理学では、自室など、限られた空間で物質的に一人になるのはもちろん、まったく知り合いがいない他人に囲まれた雑踏が、「一人でいる状態」であり、心からリラックスできる空間だと言われています。

私も本当に何かを考えたい時には、一人の空間か、知り合いがいない他人に囲まれた雑踏の空間を選びます。

他人がいると気が散るのではないか、と聞かれることもあるのですが、私のことを気にする人はいないので、こちらも気にしなくて済むので楽です。役割を演じる必要がないので、本来の自分として、周りを気にせず物思いにふけったり、原稿を書いたりすることができます。

夜、一人時間を取ることには、様々な効能とメリットがあります。

誰にも邪魔されず、作業にいそしめるので集中力も高まります。また、他者の存在や役割や意識など、邪魔されるものがないので、自由な発想ができます。さらに、その日溜まった心身の疲れを取るのに適しています。一人きりになることで、脳が「本当に力を抜いてよいのだ」と理解し、休むことを許すためです。

そして何より、ゆったりと「自分」を味わうことができます。誰に遠慮することなく、自分の好きなことができますし、自分を顧みることもできます。

そうすることで、「自分らしさ」を失わずにすみます。

一人になる時間（一人時間）は、日中でも取ることはできますが、活動する時間なので、役割から完全に離れることが難しく、また、周りの人々の影響を受けやすいため、「一人でいる状態」になりきれていないことも少なくありません。

やはり夜のほうが、効率も効果も高いものとなるのでオススメです。

家族と一緒に住んでいると、なかなか一人になれないかもしれません。そんな時は、湯船に長めに浸かるようにする、夜寝る前、早めにベッドに入るなどでもかまいません。

1日1回は「自分」になりましょう。

WORK 5

明日話すネタを考える

最近、朝礼の価値が見直されています。

会社としてのチーム力を高めるために、一度廃止したのに再開させる企業も見受けられます。先日お会いした方の会社は、リモートワーク化にあたり、社員同士が顔を合わせる機会が減ったため、リモート朝礼をするようになったそうです。

朝礼のスタイルは会社によって様々ですが、持ち回りでひと言話をするところも多いでしょう。

朝礼で話すネタについては、夜のうちに考えておきましょう。

朝なので、長い話、重いテーマは好まれません。また、小言や嫌味な話ではなく、今日1日が気持ちよく始まるような、前向きなネタがオススメです。

最近話題になっていること、本などで知ったよい話、ネットで見た格言など。

参加者にとって、役に立つものになっていないと、どんなに考えても意味をなさないからです。ほかにも、嫌な思いをさせる内容になっていないか、どんな反応をしてもらいたいか、そして、それにはどう伝えるとよいかまで意識して考えましょう。

また、話す時間が限られていますので、伝え方がカギとなります。

限られた時間で伝わるように話すべく調整するには、ストーリー力、妄想力が必要です。

このワークを繰り返し行うことで、ストーリー力、そして妄想力が培われてきます。

また、ちょっとした雑談ネタを常に仕込んでおくことも、自己評価を上げる１つのポイントです。

朝礼ネタを考えているうちに、新たなアイデアが降ってくることもあります。

アイデアは、
きっかけというスイッチを押すことで生まれるのです。

WORK 6

YouTubeで知らない世界を覗く

いいアイデアに欠かせないのは、やはり情報です。

私も、どんなに忙しくても、情報収集を欠かさず行ってきたことで、事業を展開し続けることができ、現在があります。

もちろん現在も情報収集をしていますが、最近、収集の仕方が変わってきました。

以前は、良質の情報でなくてはいけないと、テレビや新聞、本といった、いわゆるプロによって出されたもの、そして、実際、各分野で活躍している友人たちから得ていました。

しかし、ここ最近は、SNS、そして、YouTubeで情報収集しています。

個人が最低限のルールにのっとって自由に作成したものなので、斬新で、チャレンジングなものも少なくなく、ほかでは知ることのできない情報を得ることができたり、刺激をもらえたりします。

私が YouTube にハマったきっかけは、調べ物をしていてたどり着いたことでした。20代の頃に買ったロレックスの時計を大事に使っているのですが、ある時、ロレックスに詳しいお客様が現在の価値を調べてもらったらどうか、と提案してくださったのです。早速、都内に仕事で出かけた時に査定をしてもらったところ、購入時の約3倍の価値になっていました。

なんでこんなに価値が上がっているのか。興味が出た私は、ネットで調べ始めたところ、私が持っているロレックスは不思議な現象が起きているということを、YouTube で知ったのです。さらに、正規のロレックス店で購入する新品よりも、並行輸入店で出回っている中古のほうが１００万円も高いということも知りました。

こんな情報、テレビや新聞では出会えません。本当に驚きました。その不可思議な状況を丁寧に解説してくれる YouTube を見つけ、素人であった私も理解することができたのです。

この番組と出会ったことですっかりロレックスの価格変動の面白さにはまってしまった私は、自身のオンラインサロンで、「ロレックスに学ぶブランディング経営戦略」というテーマでセミナーをするまでに知識が増えました。

これ以降、夜の一人時間にYouTubeを見るようになり、そこにチャンスを見つけ、今ではYouTubeとオンラインサロンをプロデュースするまでとなりました。


ほかにも、YouTubeでは、実に様々な視点で、番組が作られ、発信されています。一つの分野をかなり深掘りして提供しているものもあります。

YouTubeは、今後ますます様々な人が集う場となっていくことが考えられます。あくまで個人の発信なので、汎用性がなかったり、確実性に欠けたりするものもあります。その点を懸念して、YouTubeは信用できないと考え、排除してしまうのは、もったいないです。

少なくとも、世の中でどういうニーズがあるのかを知るうえで有効なツールであり、普通に日常を送っているだけでは出会えない「知られざる世界」について、知ることができる場であることは間違いないでしょう。

「個」が求められる時代において、アイデアの引き出しは多いに越したことはありません。

大事なのは、どう付き合うかです。

YouTubeの内容をそのままアイデアにするのではなく、アイデアの種として受け止め、仕事のアイデアに昇華させるための作業（裏どり）をしっかり行うことで、リスクは排除できるはずです。

調べ物や、アイデア出しが必要な時などは、事前に枠を決めすぎず、次々にYouTube動画を検索することで、世の中の動きも見ることができるでしょう。ほかでは得られないような情報が多数を得られるはずです。

WORK 7

おいしいものを食べに行く

私は定期的に、友人知人やお客様に聞いた繁盛店においしいものを食べに行きます。

基本的には予約が取れた日に向かうようにしているのですが、仕事のアイデアがなかなか出ない時にも、出かけるようにしています。

アイデアがなかなか出てこないということは、疲労などにより、感覚が鈍ってしまっていることが考えられるため、刺激してあげるのです。

おいしいものを食べることで五感、特に味覚、視覚、臭覚に刺激を受けますし、一流の接客・サービスに触れることで、仕事に関する勉強にもなります。

そして何より、おいしいものは、人を元気にする力があるためです。自分への癒しにも、励ましにも、頑張っていることへのご褒美となります。

日常に変化を起こすことで、感覚に刺激を与え、アイデア脳を起こすのです。

刺激を受けると、脳が反応します。

すぐにアイデアとはならなくても、「自分だったらどんなことができるか」を考えたりと、先を見据えて脳が動き始めます。

ほかにも、人気のホテルができた、面白いものがあるなど、教えてもらったことは、こうした機会に試すようにしています。繁盛店には繁盛店になるだけの理由があり、発見がたくさんあります。

ただし、「脳は動いているだろうか」「アイデア脳にちゃんと響いているだろうか」などと考えすぎてしまうと、おいしさや楽しさが半減してしまい、刺激になりません。

心から楽しんでください。

勉強とご褒美、さらには人間関係の構築が同時にできてしまうのでオススメです。

WORK 8

ベストセラー作家のセミナーに参加する

アイデアを磨いたり、自信を磨いたりするために、本を読む人も多いでしょう。

実際、本を読むと、たくさんの学びやインスピレーションを得られます。

本を読んで、感銘を受けたならば、実際に作家や著者に会いに行くといいでしょう。

同じ空間に身を置き、同じ空気を吸うことで、より著者の考え、思いをより深く理解できますし、本に書いていないような「ここだけの」話を聞けたりと、お得なことがたくさんあります。

「ここだけの」話では、著者が失敗した話、うまくいく前の話などがよく出てきます。

失敗や悩みを経て、抜け出すことができたという体験談は、実際に本人の声、言葉で聞くことで、より一層そのすごさを感じるとともに、勇気やエネルギーなど、たくさんのものをもらえます。

私は現在、「世界一の男のプロデューサー」という呼ばれ方をしているのですが、これも本を介した出会いによるものでした。

あるビジネス書を読んでいると、そこに、世界シェア40％を達成したギター会社フジゲン創業者、横内祐一郎氏のことが書かれていました。

彼が世界一になったストーリーに惹かれ、すぐに彼の著書を読み、講演ＤＶＤを見たのですが、その素晴らしさにすっかり大ファンになってしまいました。

その後、本を出すことになった私はデビュー作で、横内氏についても記させていただいたため、ごあいさつ状とともに、その本をお送りさせていただいたところ、お会いできることに。そこから、お付き合いがスタートし、様々なサポートをさせていただく中で、「私をプロモートしてくれ」とご本人からご依頼いただき、世界一の男をプロデュースすることになったのです。

横内氏と一緒に過ごし、言葉を交わす中で、私は様々な気づきと、学びを得ました。
現在、会社経営のほか、様々仕事をさせていただいていますが、横内氏に学んだことに助けられていることが多々あります。

ベストセラー作家と言葉を交わすことで、
これまで考えてもみなかったことを意識できるようになります。

また、同じ会場に集まった人たちは、あなたと同じく、その作家さんに何かしら感じるものがあり、足を運んだわけですから、思いを共有できる知人・友人になれる可能性もあります。あるベストセラー作家の方は、出版記念講演会で隣同士になった方がご結婚されたという経験をお持ちでした。
人生が変わる出会いも起こりえるのです。

自分が著者になってみてわかったことですが、自分の本を読んでくれた読者が、セミナーにまで時間を割いて参加してくれることは、本当にうれしいものです。参加したことを後悔することのないよう、最大限の努力をしてノウハウや思いを伝える時間にしています。

セミナー後の質疑応答、サイン会や握手会など、直接言葉を交わす場で、あなたが抱えている悩みや迷いなどについて相談を受けたら、全力でお答えします。

私はセミナー後に懇親会を開いて、直接、読者の方、受講者の方と話す機会を設けるようにしています。

さらに、あまり知られていないことですが、読者とつながり、様々な取り組みをしている著者もいます。知人の著者は、自分のセミナーに参加されていた方と話が合い、コラボレーションビジネスを行っています。

あなたの存在が、著者のアイデアにつながることもあるのです。

本を読んでいるだけで満足しているのでは、もったいないです。どんどん会いに行きましょう。

WORK 9

星空を見て思考を止める

昨今、マインドフルネスが人々の生活に定着してきました。

マインドフルネスとは、「今、ここ（この瞬間）」を大切にする生き方のことです。

グーグルをはじめ、シリコンバレーの企業で社員研修に取り入れたのをきっかけに、日本でも名だたる企業の社員研修でも取り入れられています。

その効果は、脳科学でも実証済みで、米ハーバード大学の研究グループの実験は、世界からも注目を浴びました。

マインドフルネスでは、人間は宇宙の一部だと考えます。この広い世界、長い歴史の中の「今、ここ（この瞬間）」に自分があるということを意識することで、目の前の小さなことにとらわれず、本来の自分に立ち戻ることができるためです。

私は、マインドフルネスが流行する前から、定期的に宇宙と調和するワークをし、宇宙のパワーを体内に取り入れるようにしています。

やり方はとても簡単です。

星が見える夜、表に（ベランダでもよいです）出て、星空に向かって手のひらを上に向けて両手を広げ、心の中でこうつぶやきます（そのまま瞑想に入ることも）。

「宇宙の無限のエネルギーよ、私に降り注いでください」

すると、空から１本の太い光の束のエネルギーが降りてきて、頭の先から体内に入ってくる感覚が生じます。どのように感じるかは、人によって違うと思いますが、ふと、現実の世界を忘れる瞬間が訪れます。この時、思考が一瞬止まり、リセットされます。

夜、露天風呂に入っていて星空の美しさに見入り、ふと抱えている悩みや不安、頭を占めていることを、一瞬とはいえ忘れることができた経験はありませんか。これを意識的に行うというわけです。

こうした話を好きではない人もいるでしょう。

実際、そういう方も少なくありません。

ですが、ある女性は半信半疑でこのワークを試したところ、心がリセットされ、悩みや不安からふっと解放されて前向きになることができたと、驚いていました。

パワーが充電されたような感じだったそうです。

だまされたと思って、試してみてください。

宇宙の大きなエネルギーを感じることができるはずです。

エネルギーが枯渇した状態では
アイデアは生まれません。

アイデアを無限に生み出すために、定期的に宇宙エネルギーを充電しましょう。

第4章

人との関係が劇的によくなる夜のワーク

WORK 1

今日、出会った人たちに感謝する

成功者の多くが、ご先祖様や周りの人々への感謝を伝えることを習慣にしています。会った人には直接「ありがとうございます」と言葉にして伝え、会えなかった人には心の中で感謝を伝えています。

「経営の神様」こと松下幸之助氏は、「周りに不平不満を持ち、毒をまき散らせば、必ず業績は悪くなる。逆に自分を支えてくれる周りに感謝の心が高まれば、正比例して成功する」と著書の中で言っています。

私は、毎朝ご先祖様と両親に感謝し、家族や自分の周りの人すべてに、感謝の心を念じてお線香をあげています。不思議とこの習慣を取り入れるようになってから、ビジネスがすごくうまくいくようになりました。

仕事の幅が広がってからは、多くの方とお会いしたり、様々な方とコラボレーションビジネスを行ったりといったことが増えているので、毎晩、その日お会いした方に感謝する習慣も始めました。

コンサルティングを受けてくれたクライアント、ビジネスミーティングをしたビジネスパートナー、英語のレッスンをしてくれた先生、カフェで素敵な対応してくれたスタッフの方など、目を閉じてお会いした方々の顔を思い浮かべ、「ありがとうございます」と心の中で伝えます。

もちろん、お会いしたその場でも感謝は伝えているのですが、改めて夜に感謝するのです。

すべての成功や成果は、
人によってもたらされるものだからです。

この感謝の習慣を取り入れてからというもの、その日、嫌な気持ちで別れてしまった相手であっても、その気持ちがリセットされ、敬う心も生まれてきました。

結果的に、周りの人たちとの人間関係は格段によくなり、最近では人に対して嫌な気持ちを抱くことすらなくなってきています。

科学的な根拠があるわけではないことですが、今日という日を感謝の気持ちで終えることで心穏やかになりますし、温かな気持ちで眠ることができるからか、翌朝、気持ちよく目覚めることができています。

知人の経営者は、毎晩、その日のFacebookの書き込みに対し「いいね！」をクリックしてくれた人たちの名前を全員、心の中で唱えて、最後に「ありがとうございます」と声に出して言っているそうです。そんな彼のもとには、著名な成功者の方々が相談に訪れています。それだけ、信頼されているということでしょう。

忙しく過ごしていると、感謝の気持ちをつい忘れてしまうことがあります。

言葉では「お世話になっております」「感謝しております」と言いながら、心が連動していないということはありませんか？

こうしたことのないように、意識して「感謝」をする時間を、毎日のルーティンに入れ込んでしまうとよいでしょう。

私は、お会いした方々への感謝を終えた後、今日を無事に終えられたことにも「ありがとうございます」とお礼を言うようにしています。

この世の中、いつ何時、何が起こるかわかりません。１日１日を大事に過ごすことも、簡単ではありません。

だからこそ、感謝の気持ちを忘れずに、過ごすことをオススメします。

もちろん、相手には心の中で念じているだけでは感謝は伝わりませんから、恥ずかしがらず、その都度「ありがとうございます」を伝えましょう。

そして、今日頑張ってくれた自分自身にも感謝を忘れないでください。明日もしっかり頑張ってくれる活力にもなりますから。

WORK 2

仕事と関係ない人たちと会う

人間関係にはストレスがつきものです。

相手を思いやる気遣い、お互いきちんと伝えるべきことを伝えなくてはいけないといった緊張など、人と関わる際は、多かれ少なかれ気疲れは起きます。実際私も、仕事柄多くの人にお会いするので、人疲れすることもあります。

ただ、だからと言って人と会うと疲れるからやめるというのは本末転倒です。人は一人でできることには限界があり、人と関わることで新しいチャンスをつかんだり、可能性を開花させたりすることができるものだからです。

もし、人疲れ、人間関係のストレスを感じているのであれば、仕事と関係ない、純粋な友人たちと会い、会話を楽しむとよいでしょう。

そうすることで、人と接することは面倒で疲れるというマイナスの気持ちを、人と会うことは楽しいという気持ちに切り替えることができます。

私は定期的に、仕事のつながりがまったくないメンバーでゴルフに出かけています。

気心知れた友人たちなので、多少の暴言を吐いたり、バカなことを言ったりしても許してくれますし、肩書も役割もない「後藤勇人」という素の自分でいられるので、ストレスを感じることもなく、楽チンです。また、仕事関係の人がいないので、仕事のことを思い出す必要もなく、ただ楽しい時間として、心からリラックスできている自分を感じます。

よくご一緒する割烹料理屋のオーナーは、日々、ニコニコとお客様に対応されているとても感じのよい方なのですが、やはり接客疲れはあり、このゴルフの時間は人とストレスなく接することができるので、リラックスした状態でいられると言います。

人と気持ちよく過ごし、ゴルフで体も動かしてスッキリするので、その翌日は、ストレスフリーの状態で始められます。

人疲れのデトックスを、人と会って気持ちよく過ごすことで行っているのです。

人疲れなど、人間関係のストレスを抱えたままにしていると、誰かれかまわず、人と会うことは嫌なことだと考えるようになってしまいます。

そんな思いを抱えたまま人と接していると、どんなにうまく取り繕っていても、相手に伝わってしまい、ぎくしゃくしてしまうことがあります。これでは、人間関係のストレスは増すばかり、トラブルも起きてしまいかねません。

また、人付き合いでのストレスは、本人が感じる以上に、心や脳を疲弊させてしまっていることがあります。

早いうちに、取り去ってしまうことが必要です。

仕事を終えたら、純粋な友人、仕事を離れた知人・友人と顔を合わせ、言葉を交わしましょう。もちろん、家族との会話が癒される人は家族とでもいいでしょう。ある超有名な世界企業のＣＥＯだった人は、夜の会食は断り、家族と会話をすることを優先させていたといいます。

仕事を忘れさせてくれる人と会うだけで、ふっと抱えていた錘（おもり）が取れ、鎧（よろい）が外れていくような感覚に陥り、体が楽になるのがわかります。

会うのが叶わない時は、電話やオンラインで会話をしたりメッセージのやり取りをしたりするたけでも、直接会うほどではないにせよ効果はあります。

そして、週に一度、少なくとも月に一度は、仕事と関係ない人と一緒に過ごす予定を入れましょう。

ストレスのかからない交流の場を定期的に持つことで、人と会うことの楽しさを忘れずにいられます。

人と気持ちよく過ごすことの大切さを感じることで、ほかの人たちとも気持ちの良い関係を築けるように立ち振る舞うようになり、コミュニケーション能力も磨かれます。

仕事以外の人と交流を持つことで、
仕事の人間関係を良好にしましょう。

WORK 3

初めて会う人について調べる

ビジネスは出会いから始まると言います。

一人だけではビジネスはできませんし、いつも同じ人間だけでは、ビジネスは発展していきません。

新しい人と出会い、お互いの強みを組み合わせることで、仕事も人も成長できるのです。

私は気になった人には積極的に会いに行くようにしています。この時必ずしているのが、お会いする日の前夜にお相手について調べることです。

どのようなことをやっている人なのか、どのような実績があるのかといった先方の仕事内容、ブログやＳＮＳをしていたらチェックしますし、本を書かれていたら最新のものは目を通します。

そうすることで、実際に会った時に話が弾むうえに、ビジネスの提案をするなど濃い話をすることもできます。その提案に必要な資料も、当日持っていくことができます。相手も自分に興味を持ってくれているとうれしく感じ、ぐっと距離感も縮まります。

そして何より、調べている時間から、お会いすることがますます楽しみになるという効果もあるのです。

なぜ、前夜ぎりぎりにするかというと、時間に限りがあるからです。初めてお会いする人が、自分のことについて異常に詳しいと、ちょっと驚きますよね。危険な人と警戒されてしまうかもしれません。そうならないように時間をかけすぎないようにするのです。

実際にやってみるとたいして時間もかかりませんし、思わぬ収穫を得ることがあります。ぜひ試してみてください。

WORK 4

お詫びのメールをする

成功している人ほど、成功よりも失敗やミスを大事にしています。

失敗やミスは、ここを改善するとよくなる、という、成功への道標だからです。

ビジネスで成長し続けるには、それだけ挑戦をしなくてはなりませんし、当然、その分、ミスは起きます。

むしろミスはビジネス成功のカギであり、歓迎すべきものと言えるでしょう。

しかし、一つだけ気をつけなくてはいけないことがあります。

それは、人間関係を壊してしまうことです。


私もこれまで、何度かこのミスを犯しています。

後々、落ち着いて考えれば、そこまで腹を立てることでもなかったのに、相手のミスが許せず、一時の感情の乱れに任せて攻撃してしまい、その結果、信頼関係は壊れ、そのビジネスはうまくいかなくなってしまいました。

ほかにも、自分が悪かったにもかかわらず、それが面白くなくて謝ることができず、一緒に組んでいた人が去って行ってしまったことがあります。その方とは、お付き合いが復活することもなく、当然、そのビジネスも途中で止まってしまいました。

どんなに素晴らしいプロジェクトであっても、携わっている人間の関係性が破綻してしまっては、成功することはありません。

一緒にビジネスをするということは、時間もお金も労力もかけるということです。お互い冷静に考えたうえで、相当の覚悟を持って取り組んでいます。その思いを無視してまで優先すべきものは、一時の感情ではないはずです。

普段の私であれば、当然に気づくことでした。しかし、できなかったのは、「ミス」が起きたことによる焦りと動揺、そして、「自分だけが悪いわけではない」という意地でした。

人は感情の生き物です。
時に理性よりも感情に走りやすい性質があります。
しかし、感情に支配されてしまうと、正しい判断ができず、
行動も思考も、いい方向に向かいません。

人間関係のトラブルは、多かれ少なかれ、一時の感情が要因になっています。

この感情に振り回されて、怒りすぎてしまったり、言いすぎてしまったりして、余計にこじらせ、修復が不可能な状態に陥ってしまうのです。

皆さんにも経験があるのではないでしょうか。

なぜ、あんなに怒ってしまったのだろうとか、かたくなに許せなかったのだろうなどと、自分でも不思議に思うこと。

それが、感情に振り回されている状態です。

そして、どんなに強い感情であっても、必ず冷めます。

夜、自宅に帰り、脳や心、体が「オフの状態」に入ると、感情も穏やかになり、冷静に物事を考えることができるようになります。

人間関係のトラブルが起きてしまった日は、夜、「オフの状態」にしてから、相手にメールを送りましょう。

この時、気をつけてほしいのは、トラブルを振り返るのではなく、「この先どうしたいか」を考えることです。

一緒にやっているプロジェクトなり、仕事などを成功させたいのか、それとも、終わらせたいのか、それだけです。

なぜこんなふうになってしまったのか、相手に謝ってほしい、自分の思いを理解してほしいといったことは、すべて捨て去ってください。

プロジェクトを成功させたいのであれば、その旨をメールに書いてください。反対に、終わらせることがベストだと考えたら、その旨を書きます。どちらを選んだにしろ、メールとして書くことで、そのために自分がすべきこと、相手に伝えるべきことが見えてきます。素直に謝ることもできるはずです。

人間関係の修復は時間が勝負です。当日の夜を逃すと、事態はさらに悪い方向に向かってしまいます。

鉄は熱いうちに打て、ではないですが、トラブルがあった日の夜は、相手もそのことについて考えている可能性が高く、歩み寄りやすいタイミングであることは間違いありません。

そこにあなたから、素直なメールが届くわけです。

その日まで一緒に、同じ目的に向かって進んできた相手なのですから、素直な気持ちと、これからのことについて思いを綴ったあなたからのメールを受け取れば、真摯に受け入れ、反対に自分はどうしたいかを考えるはずです。

あとは、相手の出方を待ちましょう。

結論がどうなったとしても、お互いの関係がこれ以上こじれ、関係断絶といった状況になることはありません。

また時期が来たら、言葉を交わしたり、何かを一緒に取り組むことができる、そんな関係になれることでしょう。

ただし、あなたからのメールに対し、何も返ってこなかったり、失礼な返事がくることもゼロではありません。

相手がまだ、感情に振り回されていることもあるからです。

その時は、それもご縁だと思って受け入れましょう。

WORK 5

週に1回は飲み会を開催する

「お酒の場だから構築できる人間関係がある。」

これは、今は亡き志村けんさんが、以前ある番組でおっしゃっていたことです。

お酒を飲むと、(脳の活動が鈍くなるので)人は嘘を言わなくなる。

そして、同じ人間として一緒に楽しむことで、仕事でも「おい、志村!」などと、突っ込んでもらえるようになる。そういう関係になれないと、一緒に何かを作ることが難しい、と。

私も週に1回は飲み会を開き、お互いを知る場、人間関係を作る場として活用しています。

参加者はその都度違います。

様々な業界のキーマンの方、一度、じっくり話をしてみたいと思った方、師、チームメンバー、ビジネスパートナー、取引先、セミナーの参加者、そして、関係がうまくいっていない人など。

そのため、飲み会とひと言で言っても、雰囲気も目的も様々です。

たとえば、情報交換や関係構築が目的の場合は、楽しい場になるのでお酒が入るにつれ、皆さんかなり饒舌に語ってくれます。「ここだけの話」が出てきたり、ごまかしのない本当の情報を教えてくれたり。飲み会の場で学んだことは数知れません。

自分が目標を達成するために必要なキーマンとの飲み会は、しっとりとした場になります。自分の思いや考えを素直に話すことで、相手も真摯に向き合ってくれ、濃い時間を過ごすことができます。昼は昼で様々な教えをいただくのですが、お酒を伴うことで、一人の人間として、それこそどんなことに悩み苦しみ乗り越えてきたのかなど、素面の時にはなかなか聞けない話が出てきます。目標を達成するためのスキルとともに、人間性をどう成長させていけばよいのかを学べるため、結果的に、目標を最短最速で達成することができます。

ビジネスパートナーとは、普段仕事では接しているのですが、その場では、仕事の話に集中するため、その人自身の話がなかなかできません。心の中では何を思っているかに目を向けないままでいると、気づいた時には心がすれ違っているなんてことも起こりうるのが人間です。こうしたことが起きないよう、たまに飲み会をすることで、今、どういうことを考えているのか、心の奥に隠している不満などをお互い話すようにするのです。私はこの時、感謝の気持ちも伝えるようにしています。

私は講師の仕事もしているので、セミナー後には必ず懇親会をしています。教壇に立つ講師と受講生という立ち位置ではなくなり、ざっくばらんに話すことになるので、セミナーという場ではしにくかった質問、相談を受けることもあり、受講生からの満足度はかなり高いです。私も様々な方と出会うことで、刺激と気づきをたくさんもらえるので、学びの場としても活用しています。

チームメンバーとの飲み会は、チームの絆を深めるための場です。

どんな仕事もチームワークが必要です。メンバーの一人がモチベーションを落としていたり、何か不満を持っていて離脱を考えるようになっていたりすると、チームとしての活動がストップしてしまいます。こうした事態を避けるためのガス抜きや、チーム理念の再確認、そして、楽しい時間を共有することでチームであることを楽しめるようにします。

ほかにも、成功者から戦略を盗む、忙しくて夜しか会えない人と濃い時間を過ごす、取引先との良好な人間関係を作る、壊れた人間関係を修復する、お世話になっている人にご馳走するなど、夜という時間だからこそできることがあります。

昼間はビジネスモード、夜はオフモードというのが、ビジネスパーソンとして体に染みついていることもあり、昼間は腹を割って話すといったことができにくいのですが、夜の飲み会は、どんなにガードが堅い人でも必ずガードが下がるからです。

お互いガードを下げて本音で話す最高のチャンスを逃さぬように、夜の飲み会を活用しましょう。

ただ飲むのではなく、目的と戦略を持って飲む。
飲み会は強力な人間関係構築術なのです。

WORK
6

出会いの場を作る

ビジネスで結果を出し続けるには、他人の力やサポートが不可欠です。
一人だけでは仕事はできませんし、結果を出し続けるには、変化し続ける必要があるからです。

自分がサポートしてもらう前に、
まずは相手の役に立つ。
結果を出し続けている人たちの最大の共通点です。

私はよく、夜に知人同士を引き合わせ、紹介する場を設けています。

昼間はビジネスモードでお互いの仕事に関する話だけになってしまい、せっかく引き合わせても、なかなか話が弾まない、といったことが何度かあったため、思い切って初対面でも夜に紹介するようにしたのです。

より深い関係性を築いてもらいたい方たちをお引き合わせしているので、お互いがリラックスできる食事とお酒のお店でセッティングします。

食事とお酒という潤滑油がよいスパイスとなって、共有の話題作りをしてくれるといった効果もあります。

あくまで私の主観にはなりますが、このお二人が出会って何かを一緒に取り組んだら、素晴らしい結果を得られるのではないか、と思う方たちです。そこに、私が絡むかどうかは関係ありません。むしろ、応援者として端で見ていたい人たち、がほとんどです。

それでは、まったくうまみがないのではないか、そう思う人もいるかもしれません。

実際、指摘されたこともあります。

でもそんなことはありません。

引き合わせた方たちがうまく関係性を築き、ステージアップされると、今度は私にとってオススメな人を紹介してくれるからです。私のことを知ってくれている方たちが私にとってよいと思われる人を選んで紹介してくださるわけですから、1つひとつが良質な出会い、人脈となります。

その結果、様々な仕事がうまくいったり、自分でも思ってもみなかった可能性と出会えることができたりと、メリットだらけです。

最近では、私の思いを先回りして出会いを演出してくださる方が増えてきました。

先日は、新しいビジネスのためのホームページを作成したいから、腕のいい人を探そうと思い始めたとたん、腕利きのWeb制作者を紹介いただいたり、新しいテーマで講演・セミナーをしたいなと思っていると、講演の集客が得意な方を紹介いただいたり、書きたいと思っていた本のテーマに興味を持っている編集者を紹介いただいたり、次から次へと、思いを形にできるような引き合わせが続きました。

「気づいたら、『この人、後藤さんに紹介したら面白いかも』と考えてしまうのだ」と知人の経営者は言っていました。

人は何かをしてもらうと返したくなるという性質があります。

返してもらうことを考えて動くのはオススメできませんが、真摯に誰かのためにしたことは、人も運もお金もいつかまわりまわって自分のところに返ってくるものです。

もしあなたも素晴らしい人脈作りをしたいと考えているのならば、まずは自分以外の誰かの素晴らしい人脈を作ることから始めてください。

結果的にあなたの素晴らしい人脈が、最短で構築されるでしょう。

将来の夢を実現する夜のワーク

WORK 1

自分の可能性をネットで探す

長い人生、どんなことが起きるかわかりません。

世の中の変化、そして、あなたがいる環境の変化、そしてあなた自身の変化。

いいことも悪いことも、思ってもみなかったことが起きるのが人生です。


昨今、社員に副業を認める会社が増えてきました。積極的に社員の副業を推奨している会社もあります。

これも10年前には考えられないことでした。

会社の仕事だけで大変なのに、副業なんて……と、自分には関係のないことと考えている人も多いようですが、今後、この風潮はますます高まることでしょう。

なぜなら、これからは「個」の時代だからです。

会社が、社員の人生を丸ごと引き受けることができなくなった現在、預けていた人生を、自分の足で歩く必要が出てきた、ということでもあります。

会社での仕事を頑張ってきた方は戸惑うかもしれません。ですが、

世の中の変化は あなたの新たな可能性を伸ばすチャンスです。

現在のあなたは、10年前と同じでしょうか。

おそらく違っているはずです。

では、10年後のあなたは現在のあなたと同じだと思いますか？

世の中が変化しているのと同じように、あなた自身もどんどん変化しています。言い換えると、変わることができているということです。

ただこれからは、意思を持って変わっていく必要があります。

副業は、その第一歩として取り組んでおきたいことです。

結果を出し続けている人は、会社の仕事以外にも自分が活躍できる場を持っています。副業であったり、夢を叶えるための活動の場であったり、投資もその１つでしょう。いつ、会社からの収入に頼れなくなってもいいように、複業、パラレルワークを実践しています。

何を副業とすればよいのか、まずはそれを探ることから始まります。

そんな時に力を発揮するのがネット検索です。

ネットでは、どんなことが副業となりうるのかだけでなく、実際にその副業をやった人が月どれぐらい稼いだとか、年収がいくらになったといった経験談がたくさん語られています。

私も、今でこそ本業の１つであるコンサルタントの仕事ですが、最初は副業で始めたものでした。

地方でヘアーサロンほかいくつかのお店を経営していた頃、夜、ネット検索をしていると、コンサルタントや著者をアテンドする組織の代表者をしている方のサイトに巡り合ったのです。そこで「コンサルタントになる方法」というメソッドに出会い、読んでみたところ、自分の経験も活かせそうだなと、興味を持ちました。

それから、代表者の方の本などで、コンサルタント、セミナー講師の心得などを学びました。そんな折、本を出版するという幸運に恵まれ、コンサルタントとして、一歩踏み出すこととなりました。

それが、今の様々な仕事につながっています。

ネットを検索してみると、世の中には様々な仕事、そして、ニーズがあることがわかります。あなたの経験や能力を必要としている場も数多くあるはずです。「こんなことが、人の役に立つのか」と、自分の可能性を発見するきっかけにもなります。

まずは「副業」で検索してみてください。

あなたの将来を変える出会いがあることでしょう。

WORK 2

ネットで宝探しをする

ネットは可能性の宝庫です。

付き合い方さえ間違えなければ、あなたの「こうなりたい」「こうしたい」といった将来に対する希望を叶えたり、10年後、20年後など、かなり先の将来から1週間後、明後日、明日といった直近の未来まで、サポートしてくれるものがたくさんあります。

私は、将来の宝を探しに、夜、時間が空いた時は、ネットでウインドウショッピングをしています。

お目当てのものは、本と洋服が多いです。

買いたいと思っている本のリサーチや、最近、どんな本が読まれているのか、どんな新刊が出ているのか、好きな作家さんの新刊は出ていないか、など。

私にとって本は、成長のエンジンです。

新しいノウハウやスキルを学んだり、思考を整理したり、人としての在り方を学んだり。新しい未来を切り開くツールと言ってもいいでしょう。

そのため、本の情報チェックは欠かせません。

実際に書店に出向いてチェックすることもあるのですが、時間がかかってしまうこと、また、最近は仕入れを抑えている書店さんもあるので、情報を収集するという点においてはネットが都合がよいのです。

また、スタイリストという仕事柄、洋服が大好きです。

コンサルタントなど、イメージが大事な仕事もしているので、外見をきちんと演出できているかが次の仕事につながるかどうかに影響することから、とても大事なツールでもあります。

さらに服には、次の2つの効果があります。

好きな服、明るい色の服を着ることで気持ちを元気にしたり、モチベーションを上げる。

好きな服を着こなすために、体形を維持するダイエットツールになる。

非常にプライオリティの高い、なおざりにはできないものです。

ネットでは、本も服も様々なブランド、様々な種類のものがあるので、贅沢に自由に選ぶことができます。

この時のワクワクは、「こんな面白そうな本があるんだ」「こんな素敵な服があるのか」などと、発見したその瞬間が楽しいというだけでなく、「この本を読んだらこんなことができるようになるのかな」「この服着て遊びに行ったら、楽しいだろうな」と実際に手に入れたらどうなるかなど、ちょっと先の将来をイメージして得られるワクワクでもあります。

ネットでの宝探しは

身近な将来を日々考える練習になります。

ネットなので、誰に気兼ねすることなく、思い切り宝探しをすることができます。

自分では普段選ばないようなものともたくさん出会えるのがネットです。こうした新しい出会いに、思い切って飛び込んでみるのもいいでしょう。

ネットの中で、思ってもみなかった自分に出会えるかもしれません。

WORK 3

気になる人をリサーチする

あなたは普段、どんなふうに世の中の情報を仕入れていますか？ テレビ、新聞、ＳＮＳ、ネットなど、様々な媒体を使いこなしているかもしれませんね。

媒体という言葉を使いましたが、世の中の情報のほとんどは、誰かが編集したものです。人が介在することによって、解釈と意図が入ります。本人が発したものであっても、誰かの手が入っていることもあります。

「ネットではこう書いてあったけど、テレビではこう言っている。同じことを言っているようだけど、どうもニュアンスが違うような……。どっちが正しいのだろうか」

と、違和感のようなものを抱いたことのある人も多いのではないでしょうか。

１つの情報だけで物事を判断するのは、とても危険なのです。

とはいえ、世の中の情報をすべて検証していくのは大変ですし、現実的ではありません。

まずは、あなたが今、気になっている人や事柄については、自分なりにリサーチしましょう。

思い当たらない場合は、あなたがやりたいと思っているビジネスをすでにやっている人、関心を持っていることに対して発言をしているコメンテーターなどから、リサーチしてみるといいでしょう。あなたにとって有益な情報につながる可能性が高いです。

私はネットニュースなどで見かけて気になった人や、これから始めようとしているビジネスで、すでに結果を出している人たちについて、リサーチしています。

数あるニュースの中で「気になる」ということは、何かしら自分にとって意味のある存在になる可能性があるので、まずはその人がどんな仕事をしているのか、どんな考え方、発言をしているか調べ、より興味が湧いたら、その人の今後の発言に注目します。反対に、さほど興味を抱かなかったら、ここでリサーチは打ち切ります。

複数の情報にあたることで、その人がどんなことを考え、どんな取り組み方をしていたのかなどが詳しくわかり、自分が目標達成するために、どんなことをやるべきか、考えるべきかがわかります。時には、間違って理解していたことや課題が見つかることもあります。

リサーチは最初はネットから始めます。ネット記事のほか、新聞や雑誌の記事も検索できるからです。

そして、より深く知りたいと思ったら、SNSやその人が書いた本があればその著書を拝読します。過去には、その人が出しているDVDを購入したり、講演会に出向いたりしたこともあります。

気になる人や事柄について調べていくと、自分の気になる分野での知識が豊富になり、深掘りして情報を蓄積していくと、一般の方よりその分野に詳しくなり、新しい強みとなります。

先に、ロレックスの価格変動の不思議さについてお話ししましたが、情報を追いかけていった結果、人より詳しくなり、セミナーを開催したのも、気になることをリサーチしたことで得られた結果です。

最近は、ややマニアックなテーマで限られた人数だけで行う少人数セミナーが増えており、普段は講師業をしていない方が教える側になることも少なくありません。

これが副業につながることもあります。

どんな分野でもそうですが、深く掘り下げていくと、必ず何らかの成果という水が出てきます。

「気になる」ということは、
あなたの潜在意識が反応しているということです。

「気になる」ことに対して鈍感にならず、どんどんリサーチしていきましょう。

WORK 4

「なりたい自分リスト」を読み上げる

私は、「なりたい自分リスト」というものを作っています。

作り方は、まず3年後、神様がどんな夢でも叶えてくれるとしたら、どんな夢を叶えたいのか、どんな自分になりたいのかを書き出します。

「〇〇になる」「〇〇をする」など、肯定的な文章で、箇条書きにします。10個から15個ぐらいを目安にしてください。

この時のポイントは、「今の自分にはできなそうだ」とか、「自分の実力では無理ではないのか」といった、心のネガティブ感情や現実的発想のストッパーをすべて外して考えることです。

このアプローチにより、本当に心の底から望んでいる理想の自分像を炙り出すことができます。見えてきたら、思い浮かんだことすべてを紙に書き出します。

なりたい自分リストは、未来のあなたの設計図であり、未来の理想のあなたを引き寄せるナビゲーションでもあります。

ちなみに、私の「なりたい自分リスト」には、次のようなことを書いています。

・オンリーワンの男になる
・息子たちを成功に導く
・講演、執筆、プロデュースで利益を上げる
・日本一のモチベータースピーカーになる
・女性起業ブランディングの専門家として活躍する
・英語力を最大限進化させて英語ビジネスも始める
・常に新しいことに挑戦する

具体的なこと、抽象的なこと、両方あってかまいません。

書き出した紙は、目に入るところに貼り出しましょう。

あとは毎晩寝る前に、声に出して読み上げるのです。

そうすることで、睡眠前の潜在意識に落とし込むことができます。

夜寝る前は、脳も潜在意識もリラックスした状態です。リラックスした状態の時は、潜在意識に思いが到達しやすいと言われています。潜在意識は、現実とのギャップを埋めようとする働きがあるので、潜在意識に落とし込んだ状態で眠ることによって、翌朝目覚めた時に、なりたい自分になるためのアイデアがひらめき、その日、そのアイデアを実践していくことで、なりたい自分を現実で引き寄せます。

なお、ひらめいたアイデアは、必ず「おめざメモ」に書き出してください。そうすることによって、日中実行に移すことができます。


未来は今日の続きにあります。

今日の変化が、未来の変化になります。

毎晩「なりたい自分」リストを読み上げることで、人生のすべての日において、目標を持って生きることになります。

「なりたい自分」目標を意識して生きる日と、さほど意識しないまま生きる日とでは、結果への進捗もまったく変わります。

「なりたい自分」を意識できていると、「なりたい自分」だったらこう判断するかな、こう行動するかな、こう考えるかなとその日から変化が出てきます。

人生は目標によって作られます。

１日１日、「なりたい自分」に近づいていきましょう。

WORK 5

お風呂で一人未来会議・一人戦略会議をする

お風呂は、1日の疲れを癒す大事な時間ですが、もう1つ、とても重要な役割があります。それは、一人未来会議・一人戦略会議の開催です。

一人未来会議とは、未来にどんな自分になっていたら楽しいのかを一人で妄想する会議、一人戦略会議とは、理想の自分になるためには、どんなステップが必要なのか、もし現在何かの問題を抱えていたら、その解決策を一人で模索する会議です。

湯船に少し熱めのお湯を張り、お気に入りのアロマを1滴垂らします。お湯をかき回して全体に馴染ませ、心地よい香りがお風呂に広がったら、会場設営は終わりです。

あとは、ゆったり湯船に浸かり、一人未来会議・一人戦略会議を始めます。

体が温まることによって血流がよくなり、ゆったりと心身ともにリラックスします。

この状態で、仕事の未来像を考えたり、さらにビジネスを発展させるための戦略を考えるのです。

すべての装いを取り去り、生まれたままの姿になり、リラックスする空間の中で、本音で対話をするのです。

すると、自然と前向きな発想、感情が生まれ、素晴らしい未来へのアイデアや、現状を打開する戦略が浮かび上がってきます。これらを頭にしっかり刻んだら、会議はおしまいです。

机上で考えると、どうしても現実、理論が頭から離れないため、未来の発想も広がりません。そのため、前向きにならざるを得ない場で考えるようにするのです。

あまり長い時間の入浴はオススメできませんが、心地よくリラックスした状態で、未来会議や戦略会議することは、すごく楽しいことですし、新しい未来や前向きな戦略を生み出すためにとても有効です。ぜひ、試してみてください。

WORK 6

習い事を始める

自分の本来の能力を高めるために、あえて違う分野のことにチャレンジして、頭を使うというアプローチも効果的です。

仕事以外のことに定期的に没頭することで、いつも同じ脳を使うという状況から抜け出すことができ、脳のストレッチ、息抜きの効果も生まれます。

習い事は何でもよいのですが、仕事の延長にならないもの、そして、いつ行くのも自由というものより、決められた時間に行うものがオススメです。武道、英会話、料理、書道など、やっていて楽しいもの、わかりやすく頑張った結果が見えるのがいいでしょう。

私もいくつか習い事をしています。

ゴルフやウェイクサーフィン、英会話など。

過去には、マルセイユタロットの日本の第一人者である友人に、タロット占いを学びました。習い終わった今は、頭の切り替えを兼ねて、時々楽しんでいます。

ゴルフやウェイクサーフィンは、いわゆる習い事とは違いますが、これらに取り組む時間は、仕事を忘れて没頭しています。

仕事で行き詰まっていても、やや強制的に仕事を忘れてまったく違う脳を使うことになるので、切り替えができ、新たな気持ちで仕事に再チャレンジできます。

また、仕事以外で目的を持って頑張っていることがあると、仕事がうまくいかなかったり、失敗してしまったりした時でも、自分を否定せずにすみます（仕事だけしか頑張る場がないと、その唯一の場で失敗する自分をダメな存在だと思い込んでしまい、次に進めなくなってしまうことも）。

仕事はあなただけのものではないからこそ、いつ、そうなるかわかりません。

二刀流で自分に自信を持てるようになりましょう。

WORK 7

書店で本を買って読む

朝は脳の働きが活発で、集中力も高まるため、勉強は朝、行ったほうがよいと言われます（睡眠不足の朝は除きます）。

実際、夜型だった私も朝型に切り替えて様々なことを朝の時間帯にするようになりましたが、たしかに気持ちがいいくらいはかどります。

しかし読書は、あえて夜の時間に行うことが多くあります。

それには、大きく3つの理由があります。

まず、脳は夜、睡眠を取っている間に、その日に取り入れた情報を整理し、必要なものを確実に定着させるため、夜に集中して読むことで記憶に残りやすいからです。

次に、本には心を癒したり、ストレスを軽減したりする働きがあり、夜、本を読むことで、その日の負荷を外し、ぐっすり眠れるためです。良質な睡眠は、良質なパフォーマンスの基礎であり、記憶の定着にも欠かせません。何が何でも手に入れたい代物です。そして何より、腰を落ち着けて、しっかり本を読むことで、本を味わうことができるからです。

私は、人を育てるのに、本ほど素晴らしいものはないと考えています。

本はまず自分で読むという能動的行動なので、他人から指摘されて仕方なく動く受動的行動とは、明らかに違いがあります。

自分から行動することで、物事に対してポジティブな気持ちで本の内容を受け入れ、理解しようとするので、変化が起きやすいのです。

わずか１５００円程度で、他の人が経験した人生の叡智を手に入れることができたり、時空を超えて普遍の成功法則を学ぶことができたり、自分と同じような、もしくはそれ以上に厳しい状況にあった人がどのように立ち上がったかの体験と学びを体感し自分がすべきことを見つけることができたり、その効果は多様で深いからです。

たくさんの文章を触れることで、文章力、読解力が身についたり、アイデアのヒント、人生の指針となる教えも得ることもできます。

学ぶツールは数あれど、この費用対効果の高さにかなうものはないでしょう。

1冊の本との出会いで、人生が大きく好転した成功者と呼ばれる方々は少なくありません。

結果を出している人ほど、本を活用して人生を好転させていると言っていいでしょう。

実際、結果を出している方で、本を読まない人は見たことがありません。

中にはいるかもしれませんが、それは例外中の例外と言ってもいいでしょう。

さらに成功者と呼ばれる方たちの読書量といったら、半端ではありません。それもかなり幅広いジャンルの本を読んでいます。

視野を広く持ち、様々な出来事に対応できるようにしているのです。

本を読むことのメリットはたくさんありますが、先に挙げたこと以外でも、様々な課題に対応できるようになったり、自分の文章力が上がったり、本の内容からアイデアを得ることもできます。

ただし、いつも同じ著者、同じテーマの本だけだと、限界があります。やはりいろいろな本に触れることです。

そう言われても、何を読めばいいかわからない、決められない時は、まず書店に足を運びましょう。

書店は、人生を好転させる宝石箱であり、新しい可能性を提供してくれるコンサルタントでもあります。

最初は、興味のある分野の棚に向かい、タイトルを眺めながらゆっくり移動します。すると、いくつかの本のタイトルが頭に飛び込んできます。自分の中にある課題や潜在的な興味が、反応し、引き寄せているのです。

不思議なことに、これは誰しもに起こる現象です（ある人は、まったく知らない著者の本が光って見えたと言います）。

続いて、ちょっと気になる分野の棚に向かい、同じようにタイトルを眺めながらゆっくり移動します。

飛び込んできたタイトルは、実際に手に取り、章立てや著者のプロフィール、前書きを見て、買うかどうか判断すればＯＫです。

少しでも気になるものは、読んでみることをオススメします。

WORK 8

夢への道筋をステップにする

物事を達成するには、モチベーションのほかに、計画が必要です。

叶えたいことがあるのなら、設計図、「夢実現プラン」を作りましょう。

理想のゴールを設定し、そのゴールに到達するまでのステップを設置するのです。

これが、夢を実現するためのプランになります。


「夢実現プラン」の作り方は、次の通りです。

まずは夢に向かってスタートするゼロ地点から、夢を達成するゴールまでの間に、やるべきことを考え、それぞれをステップにします。

あんまりステップが多いと、夢実現までに力尽きてしまいます。

各ステップの間にさらに小さなステップを存在させる場合もありますが、大枠は、5〜7のステップで収めるように組みましょう。

たとえばヘアーサロンを出店したいと夢を持っている場合、次のようなステップ構成になります。

◎高校卒業時に自分でヘアーサロンを作ると決めた後藤の場合

スタート地点　現在（高校を卒業したばかりの状態）

ゴール地点　ヘアーサロンを出店して営業を開始

必要な知識、資格・免許などの取得ほか、すべきことを整理し、絶対に外せないものを、ステップに配置します。

1ステップ　専門学校に行く

2ステップ　国家試験に合格し、理美容師免許を取得する
3ステップ　修業を開始する
4ステップ　技術を習得する
5ステップ　出店のためのお金を用意する
ゴール　　開店

とてもわかりやすいですよね。

ちなみに、国家試験を受けるにはそれなりの条件があるので、1と2の間には、さらに小さなステップをつけるなど、より実現しやすいようにアレンジしながら使います。

もちろん、ステップを進める間に問題が生じたり、トラブルが起きて、やるべきことが増えることもあるでしょう。でも確実にこのステップにしたがって、状況は進んでいきます。

どんな夢でも、叶える道筋は、必ずステップ化できます。

ステップ化は、難しい工程を簡単にする魔法であり、ゴールまでの道しるべでもあります。

このステップ化をしないで感覚だけで進めていると、いつまでたってもやるべきことが明確にならず、目安もないので、ゴールにはたどり着けません。

叶えたい夢、実現したい目標があるのなら、すぐに「夢実現プラン」を作りステップ化を始めましょう。

やるべきことが明確になり、どんどん夢実現に近づくはずです。

「夢実現プラン」の作り方

1　ゴールを定める（**最終ステップ**）

2　スタート地点（**0ステップ**）を定める
　スタートは今日なので、今日の状態がスタート地点となる

3　その夢を叶えるために必要なものを書き出す

4　書き出したものの中から、絶対に外せないものを、３〜５個選ぶ

5　４で選んだものを、必要となる順番に並べ、それぞれをステップと定める

6　１、２で作成したゴール、スタートとあわせて並べる。これで終了

〔例〕結婚

0ステップ　現在　彼氏なし　●●歳
1ステップ　自分磨きをする
2ステップ　出会いの場を見つける
3ステップ　ターゲットを決める
4ステップ　結婚前提の付き合いをする
5ステップ　婚約をする
6ステップ　結婚の準備をする（両家挨拶ほか）

WORK
9

楽しい未来を想像してモチベーションを上げる

世の中に存在するものは一つ残らず、最初は誰かの頭の中でできた妄想です。

東京ドームも、最初は「ドーム型の球場を作りたい」とある一人の人間の頭で生まれた妄想でした。それが、デザイナーによってデザインされ、建設者によって建設されたのです。

これはなにも、建物だけではありません。飛行機も、信号のルールも、クレジットカードも、最初はいつも、一人の人間の妄想なのです。

私の会社は、総レンガ造りなのですが、これも20代後半に私の頭の中で「自社ビルを建てる時は総レンガがいいな……」と妄想として生まれ、32歳の時にできあがったものですし、今、皆さんにお読みいただいているこの本も、最初は私の頭の中で「こんな本があったら誰かの役に立つのではないだろうか」と発想が生まれたものです。

発想や妄想が形になるには、それ相応の時間と手間がかかります。それを支えるのがモチベーションです。

当たり前と言ったら当たり前なのですが、妄想の時点でワクワクできないとモチベーションも上がらず、形になる前に挫折することになります。

楽しくワクワク妄想したものは、モチベーションも高いため、形になるまで頑張ることができます。


世の中のすべてのものは、楽しく明るい未来への妄想から始まったのです。

こんなことはできないだろうか、あんな風になったら面白いなど、未来を妄想してワクワクする時間を夜作ってください。その時間があなたの素晴らしい未来を作ってくれることでしょう。

妄想はあなたの理想の人生をつくる大事な設計図です。
ワクワクしながらどんどん妄想しましょう。

第6章

心を元気にする夜のワーク

WORK
1

明日はいい1日になると決めてしまう

人間の脳は、騙されやすいものです。

これから起こる未来のことでも、「絶対にうまくいく」と先に決めてしまい、実際の成功を想像すれば、想像上の成功体験であっても、脳は本物の成功体験として認識します。

つまり、明日は「よい1日になる」と最初に決めてしまえば、実際にいい1日になる可能性が大きく高まるのです。

多くのスポーツ選手は、イメージトレーニングを取り入れています。これは、本番でうまくいくことを想像しながら、トレーニングを積み、ある意味脳を騙して、実際に本番で結果を出す可能性を高めるというものですが、この効果は、科学でも証明されています。

米国のマクスウェル・マルツ博士の著書『サイコ・サイバネティクス』によれば、脳は実際の経験と、頭の中で鮮明に描いた想像上の経験を、区別するのは苦手だと言われています。想像上の経験でも、実際の経験でも脳は同じような領域を使って情報処理を行うそうです。

「明日はいい１日になる」

先に決めることで、脳はうまくいく明日のための準備を始めます。

また、言葉にすることで、不安がスーッと消えます。

不安が消えると、心も軽くなり、元気になります。

効果絶大のおまじないと言っていいでしょう。

あなたの明日は、このひと言で大きく変わります。

WORK 2

明日会う人を想像して先取り感謝をする

私は毎晩、翌日に会う予定の人に、先に感謝しています。

まず翌日会う人の顔を思い浮かべ、にっこり笑いながら、「ご縁をいただけたことに感謝します」と言葉にします。

次に、その人とすでに仕事が始まっている場合は、その仕事のことを思い浮かべ、一緒に仕事ができることに対して感謝します。

そして、その人を紹介してくれた方がいる場合は、その人の顔を思い浮かべて感謝します。


この3つのプロセスを実行するようになってから、怖いくらい仕事が円滑に回るようになりました。さらに、実際にお会いした時も、とても穏やかで優しい気分で接することができます。それも、自分だけでなく、相手の方も、このご縁を喜んでくださっているのを感じます。

先に感謝することで、「いい出会い」にしてしまうのです。

すべてのコミュニケーションは鏡です。

自分に会えてうれしいと思ってくれている人、感謝してくれる人に対して、嫌な気持ちを感じたり、悪意をぶつけてくる人はいません。

あなたが穏やかであれば、周りの人もあなたに対して穏やかになるのです。

また、出会いに感謝することで、その方とお会いできることがどれだけ素晴らしくありがたいことかを感じ、明日が楽しみになってくるとともに、その方にお会いできる自分は幸せだなと思えます。そうすると、あなたの中にある邪念や不安、マイナス感情が抑えられていきます。

自分に対しても人に対しても非常に効果の高いワークです。

WORK 3

部屋のライトをオレンジ系にする

人は目から入る情報に大きく影響を受け、それが判断につながります。

これは心の状態も同じです。

実際、生活する部屋の環境によって、性格が変わるという研究結果も出ています。

色が心理に与える効果を色彩効果と言います。

心や脳がしっかり休んでいないように感じるのであれば、もしかしたら、心が落ち着かない色に囲まれた部屋になっているかもしれません。オフモードになれる環境に整えるといいでしょう。


私の自室には、オレンジ色のライトがあります。

以前は普通の蛍光色だったのですが、ある時、雑誌で、部屋のライトの色によって癒し効果が大きく違うことを知り、暖色のオレンジに替えたところ、すごくリラックスできる空間に生まれ変わりました。

さらに、この時期から明らかに眠りの質が変わり、深く眠れるようになったのです。調べてみたところ、暖色は、焚き火を連想させることもあり、人間の古代の記憶を呼び覚まし、メラトニンの分泌を促すことがわかりました。メラトニンは、眠気を誘う重要なホルモンで、深い眠りに誘うとともに、アンチエイジング、がん予防など、体にうれしい様々な効能が備わっています。

ライト一つで、部屋の効果がまったく変わったのです。

アクティブに活動する時は蛍光灯で、眠る1時間前からは暖色のライトに替えるだけでも効果はあります。

部屋は、頑張ってきた自分が安らぐ場であり、安眠、そしてあなた自身をサポートする大事な場です。

部屋の環境は、あなたの心の環境でもあるのです。

ほかにも、私は加湿器を部屋に置き、自分に合った寝具を選び直したことで、さらに睡眠の質が上がったように感じます。

特に加湿器は、出張先のホテルでもフロントの方にお願いして、部屋に入れてもらうようにしています。

忙しいとつい、寝るだけの場所だからと、部屋の環境まで目が向かないかもしれません。

ですが、環境が整っていないから、しっかり休むことができず、本来のパフォーマンスができず、忙しくなってしまっている可能性もあります。

部屋の環境を変えるだけで、パフォーマンスが上がる可能性もあるのです。

WORK
4

深呼吸をしてからベッドに入る

忙しくてゆっくりクールダウンする時間がない夜もあるでしょう。

多くの人は日中から夜寝る時間まで、パソコンにスマホにと刺激を受け続け、脳が非常に活性化しています。

交感神経が活発に活動していると、なかなか寝つけないため、副交感神経にチェンジする必要があります。

こういう時は、ゆっくり大きく深呼吸をしてからベッドに入るといいでしょう。

緊急の案件で寝る直前までパソコンの画面を見なくてはならない時、私は、大きく、それこそ大げさなくらい深呼吸をして、体を眠る状態へと誘うようにしています。

深呼吸をすると、それまで活発に働いていた交感神経に代わって、副交感神経の働きが活発になるので、全身の力が抜けてリラックスできます。さらに幸せホルモンであるセロトニンが分泌されるので、イライラが軽減し穏やかな気分になります。
この状態は、まさに体が眠る態勢に入ったことを意味します。

最高の状態で眠れる環境を作ることは、最高のパフォーマンスのための最強要件です。

口を細めてゆっくり息を吐き出し、お腹をへこませていきます。
次に鼻からゆっくり息を吸い込みながらお腹を膨らませます。
このプロセスを、３回から5回繰り返し、体が少し緩んだのを感じたら終わりにします。

深呼吸は、良質な睡眠へと誘うだけでなく、生活習慣病である動脈硬化や心筋梗塞の予防になるという報告もあります。

さらに一度に大量の空気を吸い込むので細胞を活性化して、免疫力が高まると言われていますし、日中の仕事での緊張する場面や、プレゼンなどの人前で話す前に緊張した時に、心を落ち着かせる効果もあります。

夜だけでなく、様々なシーンで活用するといいでしょう。

WORK 5

ベッドに入ってから3分間瞑想する

質のよい眠りが取れたかどうかで、翌日のパフォーマンスの質は大きく変わります。厄介なことに、十分な時間眠ったからといって、質のよい眠りとは言えません。目が覚めた時に、心と頭がスッキリしていて、体の疲れがきちんと抜けている。これが、質のよい眠り、つまり、心地よい深い眠りが取れた状態です。

心地よい深い眠りを得るには、ちょっとした準備が必要です。

ポイントは、心を落ち着かせること。

それには、眠りにつく1時間前から、ゆったりした時間を過ごすことです。

読書をしたり、好きな写真を眺めたり、軽めのストレッチをしたり、ゆるやかな時間を意識的に作りましょう。

私のオススメは、香りを使うことです。

昔から人の心は香りの影響を強く受けることが知られています。お香やアロマなどを使って、心を休めたり、気分を高めたりしてきました。

特にお香は、心を鎮める効果と癒し効果があるほか、お酒や塩と同じように部屋を浄化する作用があり、邪気や負のエネルギーから部屋を守って清めてくれるので、心が安らぎます。

次にオススメなのは、眠る直前の3分間の瞑想です。

スムーズに眠りにつくためには、活性化した脳を落ち着かせる必要があります。

瞑想には、心と脳を穏やかにする効果があります。

ベッドに横になったら眼をつぶり、大きく息を吐き出します。

この時、青々と緑が茂った森の中を、妖精になったつもりで漂ってみたり、穏やかに太陽が降り注ぐ砂浜で、横になっていたり、キレイな星空に自分が浮かんでいるようなイメージを思い浮かべてください。

今日起きたこと、仕事のことなど、現実のことは、くれぐれも考えないようにしてください。

瞑想は、脳の活動を抑え、穏やかなシータ波を出すことなので、脳が活性化してしまうようなことを思い浮かべてしまうと、途端に効果がなくなってしまいます。

もしも余計なことが頭によぎってしまったら、大きく深呼吸して、先ほどのイメージに戻りましょう。

瞑想することで、スムーズに眠りに入り、睡眠の質が向上するので、明日のパフォーマンスが大きく上がるでしょう。


心も身体も脳もしっかり休ませることは夜にしかできません。

早速今夜から、取り入れてください。

WORK
6

寝る時は部屋を真っ暗にする

皆さんは、夜寝る時、部屋の明かりを消して真っ暗にしますか?

それとも、つけっぱなしで寝ているでしょうか?

この質問をすると、「暗いと怖くて落ち着かないから煌々と灯りをつけている」「明るいとなかなか寝つけないから真っ暗にする」「ほんのり明るさを残したまま寝ている」など、本当に人それぞれです。

スイス、バーゼル大学のジョージ・ブレイナード博士率いる研究チームの報告によると、夜に慢性的に光を浴びると、健康に様々な悪影響を及ぼすことがわかったそうです。

1日中人工の光にさらされて、パソコンやスマホの刺激を受けている目や脳にさらに負担をかけ続けているのですから、当然と言えば当然の結果と言えるでしょう。

そういう私も、以前は霊感が強いということもあり、暗闇が怖く、電気をつけて寝ていました。ところが、明るい中で眠ることの悪影響を知り、ちょっとだけおまじないをしてから電気を消して寝るようにしたところ、非常に眠りが深くなって安眠できるようになりました。

完全に自分の体の感覚をシャットダウンできるので、完全オフ時間として、メリハリがつけられるようになったのです。


自分にとってよい方向に向くことなら、時には、おまじないで自分を騙してしまいましょう。


真っ暗にすると眠れないということであれば、無理する必要はないのですが、少しずつでも灯りを減らしてあげられると理想的です。

人間は夜、休むようにできているので、深い眠りが得られれば、それだけ翌日の目覚めが大きく変わります。

今日も生きている幸せを感じながら眠りにつく

いよいよこの本も、最後の項目となりました。

私が日々いちばん大事にしているワークをご紹介します。


皆さんが過ごしてきた、今日という日は、どんな日だったでしょうか。

同じ、今日という日を、命がけで暮らしている人たちが世界にはいます。

いつ命を奪われるかもわからない環境の中、必死に今日を生きている人もいます。

私たちはたまたま平和な日本に生まれ、必要な教育を受けられ、食べ物にも困らない環境で過ごすことができていますが、これは当たり前にあるものではありません。

私たちの先祖、先人たちが、血や汗を流して、勝ち得た奇跡の環境です。

しかし、この環境に慣れてしまうと、もしくは、物心ついた時からこの環境だと、物に対しても人に対しても、感謝の気持ちが薄れてしまいます。もちろん私自身も例外ではありません。当たり前のことが崩れて初めて、意識に入ってくるからです。

今、こんなことを話している私も、若い頃は、自分の力で生きている、自分が頑張りさえすれば、どんなことでも手に入ると錯覚していました。

でも徐々に年齢を重ね、人生経験が増えてきたことで、自分の考えは間違っていたことに気づきました。

私たちは生きているのでなく、生かされているのだと――。

先人たちが作ってくれた奇跡的な環境に守られて、保護されながら、生きることができていることに気づいてから、私は寝る前に、今日も生きていることに対して、感謝することを始めました。

「今日も生きることができて幸せでした。ありがとうございます」と口に出して感謝するのです。

それからというもの、1日1日の重要性に気づき、今日という日への感謝が湧き、今日という日のポテンシャルが大きく上がりました。今では、ベッドに入ると、今日も無事に生きて眠りにつけることに、しみじみ幸せを感じます。

今日があなたにとってどんな1日であったとしても、1日を終えて眠れることが奇跡です。

その奇跡の時間に生かされていることに心から感謝し、穏やかに眠りについてください。あなたに素晴らしい明日の夜明けが、訪れることでしょう。

人は何歳からでも間違いを正すことができ、何歳からでも挑戦することができます。

あなたの人生の幸せを願って、この言葉をこの本の最後の言葉にします。

「ありがとう、あなたに感謝します」

おわりに

最後まで読んでいただき、ありがとうございます。

本書は、拙書『結果を出し続ける人が朝やること』の姉妹編として、執筆の依頼をいただきました。

朝の本を書いた私が、夜の本を書くというご提案に、最初は戸惑いを感じました。

ただ、本当のことを言うと、現在でこそ朝型人間ですが、若かりし頃の私は超夜型で、「超夜行性」と呼ばれ、朝が弱く低血圧で、今の自分とは真逆な生活をしていました。

当時は若く、夜を活用して、がむしゃらに人生の礎を築き、どんどん成長していきました。

夜だからできたことも、今振り返るとたくさんありました。

この時の私のように、どんなに頑張っても朝起きることが苦手で時間が取れず、夜のほうが活発に動けるという方も、きっといるはず。ならば、そのような方に向けて夜の過ごし方についてお話しさせていただくのも、私の役目ではないか、そう思い至り、本書を執筆させていただくことにしました。

すべての物事はバランスで成り立っています。

朝の過ごし方も大事ですが、1日が終わる夜の過ごし方も、とても大事です。素晴らしい明日を迎えるには、今日の夜の過ごし方が大きなカギになるからです。

夜の過ごし方がよいと、明日の朝はもっとよい朝になり、よい朝を迎えられると、よい1日となり、よい1日を過ごすことができると、その翌日はもっといい1日になります。

両方の時間を上手に活用し、生活に組み込むことができれば、人生は大きく変わっていくのです。

みなさんは、本書で夜という時間を使って、結果を出し続けるスキルとマインドを手に入れることができました。

あとは実践するのみです。

すべてを一度に行う必要はありません。

その日の気分、予定に合わせてできることから取り組んでみてください。

私たちの人生は、1日の積み重ねで成り立っています。

今日という日をどのように締めくくるかで、次の1日が変わります。

私は拙著、『結果を出し続ける人が朝やること』の中で、「朝を制する者が人生を制します」とお伝えしました。

でも正しくは、こうお伝えすべきでしょう。

夜を最大限活用した者が、朝を制することができ、
朝を制する者が人生を制するのです。

ぜひ、素晴らしい人生を作るために、素敵な夜時間を過ごし、輝く朝を迎え、充実した1日を手に入れてください。

あなたの人生が、後悔のない素晴らしいものになることを心から願っています。

最後に、この本のサポートをしてくれた、あさ出版の皆様、私のことを常に支えてくれている家族や会社のスタッフ、ビジネスパートナーに、心から感謝の気持ちを込めて、ひと言書かせていただきます。

「ありがとう、あなたに感謝します」

後藤　勇人

著者紹介

後藤勇人（ごとう・はやと）

結果を出す夜活トレーナー
"世界一の男"のプロデューサー
ブランディングプロデューサー
一般社団法人「日本女性ビジネスブランディング協会」代表理事
有限会社 BK プロジェクト代表取締役社長・BK グループ CEO
アメーバブログ　オフィシャルブロガー

専門学校卒業後、24 歳で起業し、ヘアサロン・日焼けサロン・ショットバーなど、32 歳までにグループ4店舗を展開、1億円の自社ビルを建て、年収2000万円を達成。

現在は、リアル店舗の経営をしながら、プロデューサーとしても活躍。

クライアントには、グレコで有名な世界一のギター会社「フジゲン」創業者 横内祐一郎氏やミスコンテスト日本代表など多岐に渡り、世界中にクライアントがいる人気コンサルタントでもある。

自著『結果を出し続ける人が朝やること』（あさ出版）のセミナー中に、夜の成功習慣メソッドを話したところ、大きな反響を得る。そこで、よりよい明日を迎えるための「夜時間の活用法」シークレットセミナーを始め、人気を博す。

現在は、「朝の成功習慣トレーナー」の他に、夜時間を活用した成功習慣を伝える「結果を出す夜活トレーナー」としても活躍。

著書に『結果を出し続ける人が朝やること』『人生を変える 朝１分の習慣』（ともに、あさ出版）、『夢実現とお金の不思議な 29 の関係』（同友館）など多数。

●講演・研修・お問合せ　info@jwbba.com
●メルマガ　検索　［後藤勇人・メルマガ］
●オンラインサロン　検索　［ビジネスタレント養成塾］

結果を出し続ける人が夜やること

〈検印省略〉

2020年　6　月 27　日　第　1　刷発行
2020年　8　月　1　日　第　2　刷発行

著　者――後藤　勇人（ごとう・はやと）
発行者――佐藤　和夫

発行所――株式会社あさ出版

〒171-0022　東京都豊島区南池袋 2-9-9 第一池袋ホワイトビル 6F
電　話　03 (3983) 3225（販売）
　　　　03 (3983) 3227（編集）
F A X　03 (3983) 3226
U R L　http://www.asa21.com/
E-mail　info@asa21.com
振　替　00160-1-720619

印刷・製本　神谷印刷（株）

facebook　http://www.facebook.com/asapublishing
twitter　http://twitter.com/asapublishing

ISBN978-4-86667-197-0 C2034

姉妹本ロングセラー

結果を出し続ける人が朝やること

後藤勇人 著
四六判　定価1,300円＋税

朝のうちに、心、頭、身体、環境、部下を整え、味方にすれば、毎日、思い通りの結果がついてくる。朝を利用して、結果を出し続けるスキルとマインドを手に入れ、人生を思い通りにコントロールする方法50。